SER RICO

-a corto y largo plazo-

SER RICO

-a corto y largo plazo-

Marcus Lapraxis

El libro de Todos y de Nadie

Ser Rico –a corto y largo plazo–

Diagramación: Marcus Lapraxis
Imagen de Portada: Douglas Sampagode
© Marcus Lapraxis
Derechos Reservados
2019
ISBN: *9781091193468*

Contenido

Lo que todo el mundo quiere	*9*
El poder de lo tangible	*13*
El camino de la riqueza	*19*
El nuevo estandarte de la riqueza	*29*
La fórmula de la riqueza	*43*
El despertar de la grandeza	*71*
La programación del éxito	*75*
La programación de la riqueza	*81*
Ser Rico –a corto y largo plazo–	*109*
Referencias	*116*

SER RICO
-a corto y largo plazo-

Lo que todo el mundo quiere

Si tomáramos una muestra de la población mundial y le realizáramos una encuesta y las preguntas se refirieran a sus deseos, en resumida cuenta, todos sus deseos se representarían con una sola palabra: **ÉXITO**.

Considerando que el éxito puede verse como la probabilidad de que un evento ocurra o no, y que ocurrir y no ocurrir son dos formas de éxito, aquí refiero el éxito como ocurrencia de un evento positivo para todas las partes involucradas en la muestra que pudiera tomarse para fines de ser estudiada. Por ejemplo, pensemos en una relación Ganar-Ganar. Sería muy agradable que todo evento retornara bienestar a los que lo provocan. En una relación de negocios, se espera que para que sea negocio, las partes salgan beneficiadas, en caso contrario, no se trataría de un negocio.

Planteado lo anterior, se podría resumir que el éxito es sinónimo de ganar. SOY EXITOSO EN LA MEDIDA EN QUE GANO. Ser exitoso es referencia de alcanzar algún objetivo o meta. Si logro mis metas, me siento exitoso.
Siendo el éxito triunfo, entonces se refuerza la idea de que alguien pierde. En consecuencia, si en el mundo hay pocos

triunfadores, podría significar que hay muchos perdedores o fracasados. Pero de manera optimista, podríamos decir que simplemente todos nos estamos repartiendo el pastel y por eso no podemos darnos cuenta de que también estamos ganando. Quizás no se vea por ser tan poco, o porque nuestros deseos superan nuestra realidad.

La realidad humana es que desde cualquier conglomerado que fuera tomado para ser estudiado y valorar sus deseos, veremos que cada miembro de la muestra siempre tendrá expectativas muy elevadas con respecto a su realidad, y por ello no se le hará fácil notar que está ganando; verá que está perdiendo o que no ha alcanzado su meta. Siendo esto un común denominador, entonces habría que hacerle una corrección al concepto y sensación de éxito, o a la forma de llegar a él.

HAY QUE APRENDER A SER EXITOSO. Y parece que se está hablando de ser feliz. Sí, como la fórmula de la felicidad. Lo que muchos venden: CÓMO ALCANZAR LA FELICIDAD PLENA. Tienen razón. Si no encontramos la forma de ser feliz, viviremos abrumados. Si no encontramos la manera de sentirnos exitosos, nos veremos siempre como fracasados. Ahora empieza a cambiar el sentido de la palabra éxito. Estamos viendo el éxito como un sentimiento, al referirse a él como sentirse exitoso. Parece un llamado al conformismo, como si alcanzar la felicidad fuera sinónimo de conformarse. SER EXITOSO es distinto de SENTIRSE

EXITOSO. Alguien podría ser exitoso y no sentirse exitoso. Alguien podría sentirse exitoso y no ser exitoso. Estamos ante una contradicción o ante una paradoja.

Hemos aprendido a sentir, pensar, y ser feliz. Hemos sido educados para asimilar de manera diferente lo que nos acontece. O no hemos recibido la misma experiencia para responder de igual forma a las situaciones que se nos presentan en el diario vivir. Hemos sido condicionados y ese acondicionamiento es el responsable de nuestras percepciones distintas ante un mismo evento. Y cuando hablamos de percepción, viene a colación la subjetividad, y existiendo lo subjetivo, entonces parece que no queda de otra que educar la fuente de la subjetividad. Esta fuente es el ser humano y el origen está en el cerebro y todo lo que llega a éste.

El poder de lo tangible

No basta con la idea de eso que quieres.
Poder tocarlo, lo hace más poderoso.

En mi vida universitaria tuve la ocasión en que un compañero de carrera me enunciara una idea que llamó mi atención. No tenía él mucho tiempo de haber ingresado a la facultad. Yo tenía ciertos ciclos más en ella. Mientras sosteníamos una conversación, me dijo: -"Hay que tener un amuleto…". Y me mostraba algo que hoy podría recordar como un atari o un nintendo portable. Nunca tuve pasión por los juegos, porque los mismos me causaban estrés cuando intentaba jugar.

Lo que captó mi interés sobre su expresión fue la forma y el contexto. Me quedé pensativo y hoy es el día en que aún recuerdo su idea. Y si sigue en mi memoria, es porque logró conectar dos elementos, lo abstracto (idea) y lo concreto (objeto).

Es mucho lo que se ha dicho sobre el que no es lo mismo imaginar algo que poder tocarlo. Y aunque no sea el objeto real, imaginar, tocar o ver eso que quieres, fortalece el deseo de hacerlo realidad. Esto aplica para todos los ámbitos de la vida. Y prácticamente es un llamado a hacer más concretas las ideas y/o sueños, como por ejemplo, convertirlos en metas y que éstas sean **SMART** (Specific, Measurable, Achievable, Realistic, and Timely), que traducidas sean inteligentes (Específica, Medibles, Alcanzables, Realísticas, y Temporizables). Esto hace concretos nuestros sueños.

Volviendo al amuleto o aquello que pudiera ser tocado, cuando tenemos una imagen viva de lo que anhelamos, nuestra motivación se mantiene encendida. Por ejemplo, el nintendo del compañero mencionado, tenía varios puntos de fortaleza; le recordaba bonitos momentos, le incentivaba a seguir trabajando fuerte para alcanzar nuevos sueños, y le ponía delante de sí que luego de trabajar, podía jugar. En cierto sentido, se establecía un premio inmediato luego de alcanzar parte de su meta.

Un amuleto también puede ser el camino virtual directo a eso que deseas. Por ejemplo, una amiga siempre quiso ir a París, que dicho sea de paso, es el sueño de muchas personas. En una ocasión, fue a una tienda y vio un cuadro con la torre Eiffel e igual, un vaso porta lapiceros con imágenes clásicas de Europa. Decidió comprar ambos objetos. El cuadro lo puso frente a su escritorio y el vaso próximo a la pantalla de la computadora. No había forma de evitar conectar con sus sueños y motivadores mientras estuviera trabajando. Recordar que por algo trabajaba.

Nuestro cerebro siempre será un niño. Le encanta la diversión. Dale diversión y él también te dará resultados. Ponle algo divertido más allá de la meta a ser alcanzada y lo tendrás en tu favor. Las imágenes y objetos miniaturas podrían ser aliados a tus sueños. Quieres ir a la torre Eiffel y no es el momento, compra una miniatura y ponla en tu lugar favorito. Deseas un Ferrari o un carro de lujo y aún no es posible, consigue una impresión fiel de uno o de juguete, pero fiel representación y colócalo donde gustes. Con estos pasos, irás fortaleciendo tus ideas, sueños y metas, y estarás cada día más enfocado en aquello que te conduce al premio.

A menos que padezcamos alguna enfermedad que nos impidiera hacerlo, todos los seres humanos, incluso animales que conocemos, les gusta la diversión. Todos queremos divertirnos en algún momento de la jornada, y es muy saludable para nuestro rendimiento y consecución de nuestros objetivos. A los perros que son entrenados para buscar objetos, cosas, personas perdidas, etc., se les tiende a dar un premio luego de alcanzar la meta. Por ejemplo, unos perros fueron entrenados para localizar minas o bombas en Bosnia y Herzegovina; el premio de los expertos para los caninos es lanzarles una pelota para que vayan a buscarla y traerla al amo para que vuelva a ser lanzada. A estos animales les gusta mucho ese juego. Lo mismo aplica para nosotros; deberíamos sacar un momento para el ocio.

Reforzando el poder de lo tangible, si no puedes abrazar el universo, abraza la tierra. Si no puedes abrazar la tierra, ve conformándote con lo que vas viendo según avanzas hacia la línea del horizonte. Con esto volvemos a lo de crear metas tipo SMART y otra idea. Es necesario delimitar lo que pretendamos alcanzar en cada etapa. Imagina que vas a construir una casa. Posees el terreno y es amplio. Tienes los materiales para construir una habitación con su baño y espacio para cocina. Sucede que quieres construir tu casa completa. Sin embargo, si usas los materiales adquiridos, sólo te dan para construir la primera línea de bloques y no podrás vivir en tal espacio por mucho tiempo.

Es necesario fraccionar o dividir lo que pretendas alcanzar. Establecer pasos o etapas, y dedicarle la energía necesaria a cada una. Con ello harás que sea alcanzable, que te retorne placer mientras avanzas, y disminuirá el nivel de estrés de cada momento. Vivirás en equilibrio y empezarás a cultivar el don de la paciencia, un ingrediente necesario en ser y crecer como rico.

Hay que ir saboreando los placeres de la riqueza sin caer en la pobreza. Esto parece contradictorio, y para eliminar la contradicción, habría que entender la filosofía y conducta del rico. Imagina que quieres comprarte un bizcocho, el más caro de la repostería. Podrías comprarlo completo o un pedazo del mismo. Si lo compras completo, te quedas sin dinero para la semana, y no sólo eso; ya no tendrás dinero para tener una dieta balanceada durante esa semana, y te resultará difícil mantenerte pie trabajando sólo con carbohidratos. Si sólo compras un corte y lo comes como postre, tienes la oportunidad de seguir con tu dieta balanceada y trabajando feliz, de manera que puedes volver a comprar del postre y disfrutar de su sabor.

La pobreza inicia en el cerebro y termina en el plato. Nuestra filosofía y conducta hablan de nuestra riqueza. Nuestro comportamiento es sólo el acto. Nuestra manera de pensar es la antesala de la riqueza. Saborear lo que está a nuestro alcance mientras avanzamos a la meta, nos sirve de motivador para seguir. Que vayas saboreando los placeres de la riqueza sin caer en la pobreza, significa dos cosas: primero, ir tomando muestras del placer que tendrá el futuro, logrando así ir haciendo tangible cada paso agotado; segundo, actuar con cautela, de manera que no vaya a ser que tronches todo el futuro por darte una sobredosis de placer, no dejando recursos para continuar con la consecución de la meta. Esto es un llamado a ser medido en lo que vas haciendo. Al mismo tiempo, esto irá forjando la actitud y aptitud del rico que habita en tu interior.

Lo tangible nos va retornando placer mientras avanzamos y nos ayuda simultáneamente a seguir avanzando, y con más ímpetu, y al mismo tiempo nos va forjando la cultura de la riqueza; reconocer que todo es de todos y de nadie, que es alcanzable y que no hay por qué sorprenderse, porque tanto tú, como yo, somos dueños de las riquezas existentes y las que faltan por crearse.

El camino de la riqueza

Los cerditos no engordan solos.
Para que lo hagan, hay que alimentarlos.

La clave de la riqueza está en hacer y ese hacer forja la cultura del rico. Nadie llega a ser rico sin hacer nada. En su amplio espectro conceptual, la riqueza se alimenta de lo que hacemos. Si nada hacemos, no cuantificamos ni cualificamos el sentido de la riqueza.

La riqueza intelectual se forja con la adquisición de conocimientos y experiencias del pensamiento. Nuestras dotes intelectuales se incrementan en la medida en que leemos. Inmediatamente estamos ante un mecanismo de adquisición de riquezas. Si la mayoría decisiones dependieran de la lectura, nadie tendría derecho a la palabra si no leyera. La cultura lectora organiza las ideas y pensamientos y nos da una visión más amplia de todas las situaciones de la vida. Al mismo tiempo, se constituye en un ingrediente generador de riquezas si lo usáramos de manera efectiva, aunque de todas maneras, siempre garantiza una mejor vida psíquica y práctica, constituyéndose en parte de la riqueza de una persona.

Viendo la riqueza como el sentido de tener y mantener bienes que ayuden a conservar una vida digna, viene a mi mente la imagen de los granjeros. Imaginemos a uno que críe cerdos. Éste tendrá que alimentarlos diariamente y, según lo hace, irá viendo cómo engordan. Va observando cómo la cáscara de plátano es convertida en músculos y grasa, y luego esta carne es convertida en dinero cuando vende el producto. Se ve como si estuviera ahorrando; cada cáscara se convierte en un beneficio. Vendido el cerdo, usa parte de los beneficios para vivir (alimentarse, vestirse, divertirse...). Y probablemente es feliz. Y así continúa su vida, alimentando, vendiendo y viviendo. Vemos que sus hijos empiezan a ayudarle y aumentan la producción, y mejoran los procesos; y también aumenta la calidad de vida de todos los involucrados.

Si observamos, el granjero tiene que esperar a que crezcan y engorden los cerdos para poder ser vendidos. Podrá usar suplementos para acelerar el proceso, pero no podrá superar el tiempo de división celular que ofrezca el cerdo. En resumida cuenta, tendrá que esperar, y esto requerirá paciencia.

Los cerditos son vistos como el símbolo del ahorro. Es una imagen que nos llega cuando deseamos ahorrar, significando que cuanto más frecuente o recurrente sea nuestro ahorrar, más crecerán nuestros beneficios. En eso se resume el ahorro. Ahorrar es una forma de aumentar nuestro capital en el tiempo. Esta sería una opción del rico clásico y pasivo, el que tuvo un capital en un momento y decidió ahorrarlo y vivir de los intereses. El rico moderno y activo, invertirá su capital en activos o proyectos que muevan rápido los beneficios, que crezcan rápido y mantengan estabilidad.

Si no los alimentas, no engordan. Cualquiera que sea lo que desees hacer crecer, será necesario ser nutrido (tus pensamientos, tu capital, tus relaciones, todo). Causa y efecto son el sentido de la riqueza. Después de hacer lo necesario para alcanzarla, esperar, tener paciencia y no saltarte los pasos, son la garantía de que un día te pertenezca.

Las aventuras, aventuras son. Cualquier otra cosa es casualidad. Procura dar pasos certeros en el camino hacia la riqueza. Hay que hacer cultura al andar, estar siempre consciente de los pasos dados y de sus consecuencias, anotar los fracasos y éxitos para mejorar la siguiente acción; ir creando tu modelo o ecuación de riqueza. Hay que ser reflexivo.

Si la casualidad te visita y te haces rico, entonces no te precipites y comienza a estudiar cómo los ricos llegaron a ser ricos de manera sólida, porque la riqueza sólida procede de una cultura que se funda en el tiempo y que se convierte en estilo de vida.

La riqueza es un estilo de vida que se consagra en el pensamiento, palabra y obra. De aquí que no sea tan sencillo ser rico para unos cuantos, e incluso aquellos que alcanzaran sus riquezas materiales de manera casual, podrían terminar siendo rechazados por los ricos sólidos, porque ahorita estos newbies no cuentan con los pilares de los ricos clásicos o modernos.

El rico auténtico es reflexivo, proyecta tranquilidad, es cauteloso, mide el alcance de sus acciones, disfruta con medida el éxito de sus hazañas, está atento a los cambios. Piensa y actúa según lo que es y controla lo que no es. Es un lobo domesticado. Nace lobo, se transforma, pero muere siendo lo que es.

El rico es un cazador. Conoce y reconoce sus propias trampas. El rico auténtico no se sorprende por la impresión de las cosas. Sabe que es lo mismo que haría para capturar a los que aman poseer lujos sin medir sus posibilidades. Sabe poner el cebo para atraer a sus posibles presas. Conoce las pasiones del pobre.

La riqueza es un arte que se cultiva y se aprende. Muchos no la alcanzan, porque todo cultivo requiere de tiempo, y el tiempo presiona las pasiones y las mata. Por ello la importancia de la paciencia en el camino hacia la riqueza.

La riqueza requiere humildad. Con ella podremos reconocer nuestras limitaciones y llevarnos a disfrutar de los pequeños logros y así sentir que vale la pena seguir luchando por la consecución de las metas. Si no contamos con este ingrediente, terminamos frustrándonos y sin llegar al objetivo.

El camino hacia la riqueza es más la educación del espíritu que lo que se tiene a nivel material. No se educa un lingote de oro, se educa al que lo posee. La riqueza es más cuestión de actitudes que de elementos tangibles. Es la forma en que reaccionamos ante los bienes, lo que nos proyecta como ricos o como pobres. Por ello tanto se denigra a los ricos en dinero, aquellos que obtuvieron bienes materiales porque ahorita se ganaron la lotería –por ejemplo–, dada la alta probabilidad de que lo pierdan todo de la noche a la mañana, porque la riqueza requiere actitudes que se forjan en el tiempo.

Las personas que crecen en un ambiente con riqueza, tienen mayor probabilidad de conservar y seguir siendo ricas. Esto porque lo aprenden y asimilan la cultura de la riqueza. Los ricos milenarios han transferido a las siguientes generaciones tanto cosas materiales como su cultura, y más peso ha tenido la costumbre que lo material, porque ser rico es un estilo de vida.

Quien tiene algo material y quizás en exceso y se jacta en ello, fácilmente termina delatado por sus carencias intangibles, la cultura del rico.

Lamentablemente, si un pobre deseara ser rico, primero tendría que moldear su espíritu. La primera riqueza debería ser la intelectual; preparar la mente para dominar el mundo concreto; dominar las pasiones. La riqueza comienza en la mente y termina en la apariencia.

El rico auténtico es simplista, sencillo. Usa lo necesario. Es práctico; utiliza aquello que lo hace eficiente y efectivo en sus objetivos. Cuanto más apariencia, mayores carencias y mayor propensión a fracasar o a salir del círculo de los ricos. El que goza de la riqueza, usa aquello que sume a su capital. Si compra una prenda cara, lo hará siempre y cuando pueda usarla por mayor tiempo, es decir, que sea de calidad, que sea un gasto y/o inversión sostenible.

La riqueza requiere autocontrol. Este ingrediente podremos encontrarlo en la inteligencia emocional. Tristemente, al pobre le resulta difícil controlarse ante las situaciones que dominan sus emociones. El rico tiene que ser frío, calculador, visionario; nunca dejar de ver el impacto negativo de sus acciones. Imaginemos un comprador compulsivo. Sería difícil asimilarlo como rico.

En cualquiera que fuera la clase social, debería prevalecer el principio de conservación. Las clases no se cancelan. Es común escuchar la expresión: "Los colegas no nos pisamos la cola". Cada clase debe luchar por su conservación. El rico trata de que su círculo se conserve; mantiene relaciones constructivas con los suyos.

A veces, individuos que no han alcanzado la riqueza, terminan dañando a su clase o a su familia por querer agradar al rico y llevarse una parte y quizás dar un salto de gracia hacia la riqueza, pero fracasan en el intento o si lo logran, dura poco su gloria, porque nunca pertenecieron a ese grupo, cayendo por su propio peso.

La riqueza requiere cohesión entre los miembros de la clase. No dañes la base de la riqueza, la familia. Las riquezas se conservan por la existencia de un núcleo protector, la familia. Las riquezas se transforman por la transferencia familiar. No se puede perder este ingrediente.

En la familia se sientan la base y cultura de la riqueza. Y tal es el caso, que aquellos que desencajan en la vida familiar, terminan siendo pobres o fracasados. Esos que fallan, lo hacen por no asimilar la cultura del rico, terminando pensando y actuando como pobres. No controlan sus pasiones, derrochan, y psíquicamente no cuentan con las actitudes y aptitudes de la vida cultural de la riqueza.

Parecería que ser pobre es malo, pero acá pobre no es el que conocemos, pobre es el que adolece de la riqueza, y la riqueza es una cualidad que comienza en la mente y termina en el acto.

Siempre que pensamos en un mundo de ricos, pensamos en Europa y quizás América del Norte. Debería esto llevarnos a la reflexión y pensar por qué son ricos. Si nos vamos al Reino Unido, veremos que ahí residen las primeras culturas que se pelearon por la conquista de tierras y bienes, notándose que en el tiempo estos grupos humanos han logrado una distribución equitativa de las riquezas, es decir, que aparentemente defendieron el bienestar común y entregaron su sangre en cruentas batallas, defendiendo el valor aldeano con sus vidas. No vacilaron para luchar por su clase y lograron el bien para todos.

En la cultura del rico hay un ingrediente paradójico, el apego y desapego. El rico valorará las riquezas mientras viva, pero al mismo tiempo entiende que un día no estará y que sus bienes les quedarán a su familia. De aquí que entienda que debe preparar a la descendencia para que pueda administrar lo que deje y perpetuar su linaje. El rico reconoce que hay que usar la técnica del relevo incluso en vida si fuera necesario, para garantizar la supervivencia de su núcleo.

En la perpetuación del linaje, honor y respeto vienen a conjugarse en esta cultura de riqueza. Tenemos al rico que tiene la responsabilidad de conservar su historia por respeto y honor a sus ancestros. Esto le ayuda a conservarse en el tiempo y a enaltecer su orgullo existencial. Las familias reales y familias milenarias son ejemplos de este tipo de rico. Sin embargo, estamos hablando del mismo rico, porque la riqueza requiere respeto y honor al pasado causal. Estas dos cualidades se resumen en agradecimiento.

El que goza de riqueza es agradecido, y su mejor forma de agradecer consiste en mantener y multiplicar lo que ha recibido. Con esto me viene a la memoria la parábola de los talentos que aparece en la biblia cristiana. Pobre fue el que decidió guardar el talento porque era uno, y rico, el que decidió multiplicar lo recibido.

La cultura del rico es tan poderosa como la levadura en el trigo. Hará crecer o multiplicar todo aquello que llegue a sus manos. Es tierra fértil. No hay tiempo para ver las partes negativas para impedir no hacer lo que tiene que hacer. El rico echa adelante con lo que recibe. El rico es un emprendedor innato.

El rico cultiva el optimismo ante las adversidades. Busca la oportunidad en los fallos. No anda buscando excusas. Usa la ceniza como abono si fuera eso lo que quedara de su emprendimiento. El rico es la presencia de Dios en la Tierra.

Porque el tiempo nubla el pasado y un precio tuvo la riqueza, el rico debe tratar de ser bondadoso en la medida de lo posible, porque la riqueza se conserva por la existencia de todos. No hagas daño a quien sustenta tus riquezas.

El camino de la riqueza no se recorre de la noche a la mañana. Comienza en la mente y trasciende la vida misma.

Todo aquello que anheles, tendrás que alimentarlo con pensamiento, palabra y obra que te lleven a ello. La riqueza es un estilo de vida. Se cultiva y se mantiene en el tiempo. Ser rico es una decisión que comienza con un pensamiento y transforma todo lo que le rodea.

El nuevo estandarte de la riqueza

No todo lo que brilla es oro.
Los espejos también brillan.

La riqueza, definida como un estado de satisfacción, debería ser la única idea que quedara en la actual generación. Tan general que no sepamos lo que es, y tan ambigua que prefiramos no pensar en ella.

La tecnología vino a achicar las distancias y derrumbar fronteras. En su impacto inicial, todos quedamos muy motivados por el efecto. Los que nunca habían conocido más de cerca otras culturas, empezaron a entrar en contacto a través de las redes sociales, y proyectaron cierta alegría por conocer. Para las falsas concepciones o ideas de naciones ricas, abrieron sus ojos al respecto del estilo de vida, y para la realidad de naciones verdaderamente ricas, empezaron a aumentar sus expectativas y frenarse la fuerza de empuje.

Sucede que con el acercamiento de las culturas, muchos eventos pueden generarse, tantos que todavía no podríamos medir sus consecuencias. Lo único que podemos decir al momento es que somos una aldea global, y tener ahora el mundo en nuestras manos, es una carga que aún no sabemos cómo manejar. Con el hecho de la globalización, muchos conceptos se derrumban y otros se desplazan. Hablar de riqueza en un entorno global, es algo que cambia la visión de las naciones globales.

Si bien la globalización ha sido buena, también será necesario desarrollar mecanismos de defensa existencial a nivel psicológico para no terminar ahogados sin cruzar el río. Su impacto ha sido tal, que ha afectado todas áreas del quehacer humano y su forma de ver la vida y el mundo. Ser rico en esta nueva sociedad, tendrá tantas implicaciones como ser feliz.

Ahora más que nunca se hace necesario el despertar del rico auténtico, un ser que depende menos de la realidad material para continuar llamándose rico.

En una ocasión se dijo que lo que hace pobre a un individuo es tener expectativas tan altas, que termina frustrado; desear tantas cosas, que se aleja de la realidad. Si el rico convencional actual decide competir contra el mundo, es probable que termine explotado en el intento. De aquí que nuevas estrategias tengan que ser desarrolladas para poder competir y conservarse.

En sociedades en vías de desarrollo, donde existe desigualdad social, los ricos ya tuvieron su impacto de cara al mundo. Se dieron cuenta de que no son tan ricos como pensaban, y que resultan ser pobres con respecto al mundo, tanto en términos materiales como intangibles. Esto hace que tengan que activar nuevas formas para conservar la calma y no terminar agobiados por la demanda externa para conservar su statu quo. Aquí viene la inteligencia emocional a ser respuesta defensiva ante el bombardeo global de naciones que históricamente han sido ricas.

Ahora sí que necesitamos un rico consciente, un rico que debe desarrollarse intelectual y emocionalmente además de tener sus riquezas materiales, porque de repente podría terminar como un fracasado en el intento de llenar expectativas que quizás no les corresponda satisfacer como rico.

Lo más interesante de ser rico es que no puede depender sólo de cosas materiales. Enriquecer las capacidades intelectuales o psicológicas, se convierten en el aliado del nuevo rico global. La riqueza actual se hace más intangible y conduce al ser humano a tener una visión más elevada de lo que la vida y su sentido representan. Los fines comienzan a cambiar. Inteligentemente, porque ahorita podría resultar muy difícil competir en términos materiales, compartir se le hace más prudente y agradable. Pasamos del valor por lo material al valor por lo cultural. Ahora queremos descubrir las culturas de las distintas naciones.

El argot popular grita que no es rico quien más tiene, sino quien menos necesita, que lo que nos hace feliz no es tener, sino desear más de lo que podemos hacer realidad. Aparentemente, el pobre quiere mucho y hace posible poco; tiene expectativas tan altas que no puede alcanzarlas. Ahora tenemos que ayudar al rico a que no se convierta en pobre ante su acercamiento con las demás naciones. Es necesario volver a simplificar el modelo de riqueza, volviendo a sus raíces.

Si las naciones se comparan contra ellas, podrán reconocer y corroborar que siguen siendo las mismas naciones, que posiblemente sigan siendo ricas o pobres como antes. En consecuencia, aunque hoy las llamemos aldeas para hablar de un modelo tribal o de naciones globales, siguen siendo las mismas. Entonces no hay por qué preocuparse. Este es el paso UNO aumentando nuestra autoestima como naciones globales.

Si vemos el acercamiento que causa la globalización como un efecto que enriquece nuestra experiencia como seres humanos y nos hace mejorar nuestra visión general de la vida y su sentido, entonces se trata de un aspecto positivo. Podríamos sentir que no estamos solos, que hay otras personas que desean cosas semejantes y buenas para el mundo. Este el paso DOS aumentando nuestro sentimiento de apoyo como naciones globales.

Si consideramos el estrechamiento de las distancias y la eliminación de las fronteras como una oportunidad para aprender nuevas técnicas para hacer las cosas cotidianas y mejorar nuestra práctica diaria, entonces estaríamos creciendo o superándonos, en lugar de pensar o considerarnos inferiores. Este es el paso TRES mejorando nuestras actitudes personales y productivas como naciones globales.

En mi tratado Humanos Desechables, en Mantenerse Creativo, planteo que entrar en contacto con nuevas culturas o exponerse a ellas, nos hace mejorar nuestra creatividad y aumentar nuestra motivación en la vida. Una sociedad global, donde pasa de ser nación a ser aldea, todos nos vemos de frente y descubrimos o aprendemos cosas que sólo aprenderíamos si visitáramos la nación que poseyera aquello por aprender. Exponernos a las culturas, nos hace más creativos y es el paso CUATRO mejorando la creatividad como naciones globales.

En cierto sentido, a veces, las cosas ocurren sin planificarse y no nos queda más que aprender de ellas y crecer. Lo natural es que las culturas se encuentren en el tiempo. Los animales siempre han migrado buscando nuevas oportunidades para encontrar alimentos. Los seremos humanos no han sido ajenos a tal comportamiento o realidad. Con la capacidad adaptativa, seremos capaces de responder a las demandas y salir con éxito de lo que hemos creado.

Para no perder eso que caracteriza al rico. Éste tendrá que cambiar el enfoque de su riqueza; ver hacia afuera cuando sea conveniente y mantenerse enfocado en su realidad local cuando decida competir, porque primero es lo primero. No puedes pretender competir contra el mundo cuando todavía no eres competente en tu realidad local. Si sigues tratando de mejorar en tu realidad inmediata, tendrás energía para lograrlo, porque conoces mejor dicha realidad, mientras que si te enfrentas contra las demás naciones globales, tendrás que conocerlas a fondo para competir y salir ganando. Esto es un llamado a crear metas alcanzables (SMART), no vaya a ser que termines abarcando mucho y apretando poco, rindiendo honor al pobre.

El nuevo estandarte de la riqueza requiere respuestas más inteligentes a las situaciones globales. Requiere de un rico más enfocado y claro de lo que realmente quiere. Tendrá que dividir para vencer, pero no dividir grupos, dividir sus objetivos en metas o establecer barreras mentales entre lo que importa y no importa para seguir siendo quien es. Debe vivir su propia realidad, porque el rico es realista. Si abandona la realidad mientras avanza en la vida, terminará perdiéndolo todo. La globalización reafirma el sentido real de la riqueza.

El nuevo rico será aquel que sepa tomar parte del pastel global y disfrutar porque tanto él como otros están teniendo acceso a dicho pastel. La actividad freelance, que podría convertirse en una cultura, por representar una manera de generar riquezas y que requiere ciertas actitudes para enfrentarse al mundo, la veo como una aproximación del concepto del nuevo rico, donde simplificarse es un ingrediente vital.

El nuevo rico será dual, sedentario y nómada a la vez. Podrá estar en cualquier lugar. Un equipo electrónico inteligente será suficiente para hacer riquezas. Será más libre y competirá contra el mundo, teniendo que desarrollar destrezas que jamás imaginara estar desarrollando.

El nuevo estandarte de la riqueza demandará de un manejo adecuado de los niveles de estrés y la ansiedad. El nuevo rico tendrá que manejar de manera efectiva la presión y preocupaciones que la globalización impregnará en su diario vivir. Tendrá que aumentar su espacio para la contemplación y la reflexión. Tendrá que luchar para conservar la felicidad. Será necesario suavizar las expectativas y no perder de vista el tiempo de ocio, necesario éste para mantener el equilibrio.

En la generación actual de ricos, tendrá que aumentar la riqueza espiritual para que estos puedan sobrevivir al bombardeo de la interacción global. La carga emocional es mayor cuando los parámetros de referencia cambian. Anteriormente, nuestro referente era nuestra realidad local. Actualmente, cualquier decisión a tomar, ha de considerar la realidad global o de naciones globales para aumentar su tasa de éxito.

Al referirme a naciones globales, abarco a los países que se han acercado ya sea por la tecnología o por intercambio comercial bajo acuerdo bilateral. De hecho, la globalización no ha sido un evento que ha ocurrido de la noche a la mañana; ha sido un proceso natural llevado a cabo por los humanos desde sus inicios y la invención de la escritura, pero que empieza a tomar forma con la divulgación del conocimiento de los pueblos a través de documentos impresos, que se logran con el invento de la imprenta moderna para 1450 aproximadamente. Esta mundialización se hace notoria con el inicio de la conquista y colonización de muchas regiones del mundo para 1492.

Aunque el intercambio comercial representa la razón de interacción en las fases iniciales de la globalización, la comunicación electrónica es la que hace posible que hablemos de aldea global, porque no se trata sólo de un impacto económico. La mundialización implica empezar a sentir lo que sienten los demás pueblos, empezamos a vernos como uno, como una tribu. Por ejemplo, la Segunda Guerra Mundial separó pueblos, pero unió mentes y almas ante una causa común. Cuando pensamos en la explosión de la bomba atómica en Hiroshima en 1945, nos unió el pánico ante una posible amenaza o exterminio de la humanidad. Cuando vemos películas de la segunda guerra mundial, revivimos experiencias que aunque no fuimos parte de ellas, las sentimos como si hubieran sido vividas por nosotros mismos, porque ya dejamos de ser sociedades aisladas. La transformación de las formas de comunicación nos acerca como seres humanos y líderes globales.

El nuevo rico actual tiene muchos retos por delante. Enfrentarse a la globalización es el primer reto. Reconocer cómo este proceso económico, social, político, cultural, tecnológico y empresarial transforma sus maneras de hacer, no pudiendo dejar de lado el aspecto global a sus decisiones. Conocer es el segundo reto. No puede actuar con unos esquemas tradicionales. Si se trata de un empresario, lo más probable es que tenga que diversificar y organizar mejor su estructura o fuerza laboral.

Podría parecer que la globalización es un fenómeno negativo, sin embargo, en términos de competitividad, aunque resulte difícil para aquellos que no tengan la infraestructura apropiada para competir, será al mismo tiempo su motor de arranque para actualizarse y ponerse en vanguardia.

Si la inteligencia consiste en dar respuestas a las situaciones en el momento indicado y de la forma apropiada, entonces el nuevo rico cuenta con más oportunidades para responder ante las demandas del medio. La globalización podría ser su aliado.

Un empresario actual podría hacer más eficientes sus operaciones en el mercado, logrando aumentar su competitividad; especializándose o delimitando más su nicho en el mercado. Podría responder mejor a las fluctuaciones de las economías locales, porque ya no tiene que limitarse a lo local, es decir, puede también tener su empresa en línea (online, web), de manera que existirá un mercado activo global permanente, lo que le permitirá mantenerse a flote. Esto lo logrará porque se han ido eliminando las barreras de entrada a los mercados internacionales (mercado laboral, financiero, de bienes y servicios...). Tiene las tecnologías en su favor. Los beneficios potenciales del nuevo rico son mayores al momento.

Como no todo lo que brilla es oro, también hay retos o impactos que deben ser afrontados por los ricos. No es sólo que el rico termine quedando como pobre con respecto a la escala de riqueza global, es que, realmente, la globalización tiene esos riesgos y puede sacar al rico existente incluso de su escala local.

El libre comercio puede dinamizar las economías, pero al mismo tiempo puede constituirse en un agujero negro, por el que se drenen las riquezas de los pueblos menos pudientes, por estar estos en desventaja de competitividad, porque su capacidad de producción o de generar activos sea inferior a la de los miembros del mercado global, porque ahorita sus políticas no sean lo suficientemente fuertes para llegar a un punto de equilibrio.

Con los tratados de libre comercio, los países con una maquinaria de producción de bienes limitada, llevan una carga pesada para competir, pasando estos a un modelo económico de consumo, porque ahorita la oferta exterior es mayor a la que pueden ofrecer incluso a nivel local, quedando desfasada su satisfacción de oferta a la demanda interna, prefiriendo consumir lo que pueden producir las naciones más poderosas. De aquí que puedan caerse los mercados locales y el empresario deje de percibir los beneficios que obtenía antes de la globalización. En cierto sentido, parece que el rico se hace más rico y el pobre más pobre; he aquí el desequilibrio económico.

El rico actual de economías emergentes, se ve obligado a reinventarse para evitar ver cómo su capital es drenado por la nueva economía, la economía de mercado mundial.

Las facilidades de acceso a los bienes de consumo, la posible caída de los precios por el efecto de la globalización, son las armas de doble de filo que tenemos disponibles. Al pobre, en términos de ingresos económicos, se le ha hecho más fácil adquirir bienes que antes les eran más posibles a los ricos. El rico también disfruta más de la facilidad, dada la liberalización generalizada. El filo más cortante del acceso al consumo masivo es la educación financiera del consumidor.

El consumo deliberado de las masas, incluso del rico, pone a prueba a cualquiera que se deje llevar por los impulsos. Todo aquel que caiga en las trampas del consumismo, de las necesidades creadas, terminará convirtiéndose en cualquier cosa excepto en rico. Cuando se pierde la relación activo-pasivo, se pierde cualquier posibilidad de éxito. De aquí que sea necesario educar al consumidor y al rico, para que ahorita no terminen con un montón de pasivos en su vida financiera.

Sin ahondar mucho, sin importar los cambios visibles que la humanidad siempre ha sufrido, todo se resume en un problema humano, por ello el hecho de que siempre haya que terminar corrigiendo la fuente del error, el ser humano. Los cambios comienzan contigo, conmigo.

El nuevo estandarte de riqueza amerita más educación financiera y emocional. Educar las pasiones para mejorar las finanzas. Igualmente, el nuevo rico tendrá que empoderarse de las tecnologías y el conocimiento del ordenamiento jurídico ante los efectos de la globalización, de manera que logre aprovechar las ventajas ofrecidas y tome decisiones más coherentes y con alta probabilidad de éxito.

El nuevo rico debe aumentar la atención a los detalles, porque ahora sus oportunidades estarán más en los detalles. Esto le llevará a especializarse para atrapar o crear su mercado nicho. Tendrá que salir de lo convencional y entrar en la entrega de oferta de necesidades que quizás se verá obligado o motivado a crear.

El rico actual tendrá que ser un cazador especializado. Se verá obligado a conocer más sobre psicología y sociología para poder mantener a flote su fuente de generación de ingresos. Tendrá que aprender más sobre inteligencia emocional, comportamiento del consumidor.

El nuevo estandarte de riqueza no desplaza las cualidades básicas del rico clásico. Al contrario, debe complementarse y fortalecer las características fundamentales del rico. Por ejemplo, simplificarse será más necesario ante un mundo con tan complejas fluctuaciones.

Las riquezas están ahí y para todos. El más inteligente sabrá cómo conducirlas hacia su capital. He aquí la necesidad del estudio del comportamiento tanto de la competencia como del mercado. Más que nunca se le hará necesario la paciencia a cualquiera que quiera conservarse como rico o a aquel que desee alcanzar riquezas.

No todo lo que brilla es oro. Los espejos también brillan. No te dejes llevar por la impresión. Así como en los mercados locales hay engaños, cuando nos enfrentamos a un mercado global, la tasa de engaños puede aumentar, porque las regularizaciones políticas y jurídicas aún no están tan controladas. El acceso a mercados donde las jurisdicciones internacionales no tienen alcance, es algo que pone en duda cualquier operación que deseara hacerse, porque la seguridad es baja. Por ejemplo, compras por Internet, donde no tienes más opción que depositar a una cuenta internacional, a la que no puedes perseguir su dueño, porque ahorita no existan aspectos jurídicos que así te protegieran en caso de fraude. Las tiendas web podrían darte ofertas interesantes, pero tendrás que ser cuidadoso con lo que desees adquirir, la confiabilidad y reputación del sitio, las opciones de pago, el respaldo de tales opciones, y así por el estilo.

Debes tener cuidado con las impresiones de las ofertas. Tendrás que ser más frío y calculador al momento de tomar decisiones.

Son las decisiones las que te hacen rico o pobre. Detrás cada decisión hay un rico o un pobre.

La fórmula de la riqueza

La magia de la riqueza está en dar.
Agrega valor a la materia prima.

Sin exagerar, me atrevo a decir que los primeros indicios del sentido de acciones de riquezas al que voy a ejemplificar, se remontan al año 24,000 a.C. y quizás mucho antes. Los términos modernos para referirse a riqueza, implican agregar valor a la materia prima para recibir un beneficio por el producto final. Para la época citada, ya el hombre hacía estatuillas animales, humanas y cualquier otro tipo de representación que resultara útil a sus intereses; éstas eran hechas de arcilla, lo que también conocemos como barro. A quien practicaba esta actividad, le llamamos alfarero, siendo éste el ejemplo de mente rica que cito.

El alfarero agrega valor a la tierra. Convierte barro en arte o utensilio. Claramente, agrega valor a aquello que carece de forma apreciable. Y en eso consiste la riqueza, agregar valor a una cosa para que ésta nos retorne un beneficio en el tiempo y ofrezca una utilidad al consumidor.

La fórmula de la riqueza consiste en dar, en agregar valor a la materia prima. Según agregamos valor al objeto, en caso de serlo, aumentamos la utilidad (interés, provecho). Cuando creas un producto, por ejemplo, de arcilla, entregas tu tiempo y agregas tu creatividad; a ese tiempo y creatividad le pones un precio de venta que incluye el precio de compra o gastos en materiales. Al venderlo, obtienes el capital más el beneficio y sigues haciendo y vendiendo el producto. Según pasa el tiempo, una fracción o parte de los beneficios van quedándote como posibles ahorros, los cuales puedes conservar como tales o los mueves al capital para seguir aumentando tu producción o para incursionar en la elaboración de nuevos productos. Esa dinámica te va manteniendo en el tiempo y es a lo que llamo tasa natural de crecimiento de las riquezas.

Volviendo al alfarero, siempre tenemos que estar atentos a agregar valor a lo que hacemos. Nadie está ajeno a esto. En modo natural, lo hacemos por propia motivación. En modo forzoso, lo haremos para responder al surgimiento de la competencia y a la necesidad de diferenciarse en el mercado.

Las empresas actuales se mantienen en un constante dinamismo, agregando valor tanto tangible como intangible a sus productos o servicios. Mejorando servicio al cliente, mecanismos de producción, transporte, posicionamiento global, entre otro sinnúmero de variables, para sobrevivir o existir en el mercado. La competitividad es el día a día.

El capital y la utilidad son la base de las riquezas. Puedes alcanzarlas como el alfarero, pero también puedes lograrlo invirtiendo en el alfarero para que se expanda, aumente o mejore su producción, y recibir un interés por el dinero que le facilitas como capital para que logre sus objetivos. Podrás hacerle llegar la inversión por múltiples vías, entre ellas: directas o indirectas.

Dentro de las opciones anteriores, puedes crear o desarrollar un producto o servicio, mercadearlo y generar tu utilidad. Igualmente, puedes usar tu capital y aproximarte a un productor e invertir en su negocio a cambio de un interés por tu dinero, pudiendo también asociarte en caso de que aceptara y obtener una porción de sus acciones. Estas serían formas directas de generar utilidad. La magia de este modelo está en aumentar las ventas para aumentar los beneficios netos. Detrás de los resultados, los miembros del negocio harán múltiples maniobras operativas y administrativas para alcanzar los propósitos de la empresa. Esto es tener tu empresa y echarla adelante con tu empeño y todas las estrategias que pudieran ocurrírsete o acuñarlas de otros emprendedores o empresarios experimentados.

Si eres de los interesados en sólo ver el producto final, entonces invertir en los mercados bursátiles es tu opción. Esto podrás lograrlo a través de los mercados financieros organizados (bolsa de valores), mercados financieros no organizados o extrabursátiles, usar a mediadores financieros, entre otras opciones indirectas de generar utilidad.

La forma más convencional de generar utilidad es el ahorro bancario; tomas tu dinero y lo llevas a un banco, el cual te ofrece comúnmente una utilidad o interés anual sobre tu capital ahorrado. En este caso, el banco funge como el administrador de tu dinero; lo presta bajo términos legales a un tercero, a una tasa de interés rentable, y te retorna parte de la utilidad según las veces fijadas de capitalización.

Cualquiera que fuera el modelo elegido, todos yacen sobre el mismo concepto, el interés sobre el capital de inversión.

Podría parecerte extraño el que te diga que las riquezas se fundan sobre el interés generado por el capital invertido o ahorrado, pero es así. El tiempo es la otra variable de la riqueza. Por ello vemos que los ricos sólidos no han surgido de la noche a la mañana. El capital aumenta con el tiempo y la frecuencia con que capitaliza.

Cuando decidimos invertir, entre otras variables, tomamos en cuenta la rentabilidad financiera o ROE (Return on Equity) y el riesgo de inversión. La primera representa el rendimiento financiero, el cual será la proporción porcentual que recibirás a cambio de tu capital, esto es la tasa de interés a la cual se recibe el monto. La segunda implica la probabilidad de que el rendimiento o beneficio sea menor al valor esperado.

Cuando nos aventuramos a invertir, nos damos cuenta de que las inversiones con mayor rendimiento esperando, tienden a poseer un mayor riesgo implicado. Entre las variables que afectan o componen el riesgo, se tienen: riesgo crediticio, inflación, cambio de divisas, entre otras.

Ahorrar tu dinero en un banco comercial, te dará un rentabilidad por debajo de la mayoría de opciones disponibles en el mercado. Sin embargo, el riesgo de terminar perdiendo o dejar de percibir lo esperado, es menor.

Invertir en bancos federales, adquiriendo alguna letra del tesoro, te ofrece a corto plazo un riesgo bajo, porque hay un respaldo por parte de los fondos del gobierno, teniendo así seguridad jurídica. La rentabilidad es buena y podría ser mayor a la de los bancos comerciales, asociaciones y cooperativas.

Por otro lado, tenemos la compra de acciones, las cuales tienen una volatilidad mayor que el precio de los bonos.

Si comparáramos una inversión en un depósito bancario versus la misma inversión en la bolsa de valores, podremos observar cómo la curva bancaria será estable y creciente en el mismo tiempo o período mientras que la curva en la bolsa de valores será bastante cambiante o poco predecible, pudiendo mantener picos bastante altos, pero caídas súbitas; de aquí que haya que estar vigilando constantemente el comportamiento de la inversión.

Si invertir en la bolsa de valores requiere vigilancia o sistemas inteligentes que avisen o alerten sobre los cambios, invertir en otro modelo emergente, el de las criptomonedas, lo demanda aun más, por su alta volatilidad. Unos cuantos han tenido suerte, supieron en qué momento invertir y en qué momento retirar o vender sus acciones o criptomonedas. Otros han perdido mucho en su intento.

Después de todo, lo importante es que sepas que existen múltiples opciones para la inversión y que estés consciente de los riesgos implicados. Al final, tu oportunidad de éxito o fracaso estará en tu dedicación, disciplina y aprendizaje en el mercado en que hayas decidido desarrollarte. He aquí el cultivo del arte de estar en los negocios o en cualquier área productiva.

La ecuación siguiente muestra con sencillez el retorno de una inversión.

$$\text{ROE} = \frac{\text{Beneficio neto}}{\text{Monto invertido}}$$

Si inviertes $100 dólares en la elaboración de un producto que será vendido en $120 dólares, y de los $20 que retorna la venta recibes $10 dólares, entonces el retorno de tu inversión ha sido del 10%, es decir, 0.10x100 = 10%.

$$\text{ROE} = \frac{\$10}{\$100} = 0.10$$

Imaginemos que decides no quedarte con los $10 dólares y sólo te quedas con $5 y reinviertes o agregas $5 al capital inicial, ahora tu capital es de $105 dólares. Sucede que el fabricante y comerciante del producto tardaba una semana en tener el producto listo para la venta y otra semana, para venderlo. En consecuencia tú tardabas 15 días para ganarte los $5 dólares. De manera inteligente, el comerciante también decidió agregar $5 dólares al capital de producción, que junto a los $5 dólares tuyos ha aumento el capital base a $110 dólares. El fabricante decide hacer de nuevo el producto con el costo de producción y comercialización de $100 dólares; están sobrando $10 dólares y decide posicionar su producto en una página web, donde al día siguiente de haberlo terminado, termina vendido en $120 dólares. Esa gestión web le salió por $5 dólares; terminó recibiendo $15 dólares de beneficio.

Ocurrido lo anterior, es tiempo de calcular tus beneficios. El comerciante te va a dar el 11% de tu capital invertido. Ahora simplificamos la ecuación del retorno de la inversión, porque decidiste dejar tu capital e incluso agregaste $5 dólares. Cuentas con una inversión de $105 dólares. Ahora la utilidad de tu capital será de $11.55 dólares. La ecuación para el interés o utilidad generada es la siguiente:

$$I = Co \times i \times n$$

Donde I es el interés generado, Co, el capital original o base o monto invertido, i, la tasa de interés o valor porcentual que recibirás, y n, las veces que se mueve el capital. De manera que:

$$i = 11 \div 100 = 0.11$$
$$I = \$105 \times 0.11 \times 1 = \$11.55$$

Si te das cuenta, antes de que el comerciante tomara la decisión de posicionar el producto en la web, venderlo le tomaba una semana, ahora pudo venderlo el mismo día que lo posicionó. Si observas, ahora en una semana has recibido $1.55 dólares por encima de los $10 dólares que habías recibido hacía una semana, es decir, estás recibiendo $11.55 dólares en un semana, cuando anteriormente tardaste 15 días para recibir $10 dólares.

En esta ocasión, el comerciante recibió $3.45 dólares de beneficio. Se observa como si no le hubiera ido tan bien, pero fue en una semana, lo cual es promisorio. En esta oportunidad, no decide sumar al capital de inversión, igual hiciste tú. Están operando con $110 dólares de de capital.

El comerciante ejecuta el mismo plan, y en una semana vuelve a tener listo el producto y a venderlo. Aplicando la misma ecuación de interés, tu beneficio vuelve a ser el mismo, pero de nuevo semanal. Ya ha transcurrido un mes y la distribución de beneficios es la siguiente, donde tú eres el inversionista y el comerciante es el empresario, y el valor está en dólares.

Primeros 15 días:
Inversionista: $10
Empresario: $10
Capital inicial: $100
Capital final: $110

Primeros 21 días:
Inversionista: $10 + $11.55 = $21.55
Empresario: $10 + $3.45 = $13.45
Capital inicial: $110
Capital final: $110

Primeros 30 días:
Inversionista: $21.55 + $11.55 = $33.10
Empresario: $13.45 + $3.45 = $16.90
Capital inicial: $110
Capital final: $110

El inversionista está llevando la delantera con respecto a los beneficios. Parece que el empresario está cometiendo algún error en la distribución de la utilidad. Pero primero valoremos su decisión de posicionamiento en la web; incrementó de los posibles $21.55 dólares que recibiría el inversionista a $33.10, siendo esto un alza o excedente de $11.55 (53.6% del valor esperado). Sin agregar más capital y sin posicionamiento web, hubiera recibido $20 dólares en el mes.

El empresario hubiera ganado $20 dólares si no hubiera posicionado el producto. Sólo recibió $16.90, dejando de percibir $3.10 dólares.

Veamos posibles fuentes de error. El empresario absorbió de su beneficio el costo del posicionamiento web. $10 dólares del capital duraron 15 días sin ser tocados, y es probable que durara meses esa cantidad ambulante. El empresario debió tomar del capital el costo de venta en la web, de manera que ahora el costo de producción y venta ascendiera a $105 dólares. Así como le fijó una utilidad al inversionista, debió fijársela a él mismo también.

Recuerda que, como empresario, debes existir y garantizar tu calidad de vida en el tiempo. Que tus deseos de crecer no te quiten la vida en el intento. Por otro lado, debes hacer uso efectivo del capital. Esos $10 dólares ambulantes debieron estar generando utilidad.

Luego de observar el comportamiento de la producción y venta del producto, quizás sea tiempo de animarte e invertir o agregar más dinero al capital base o actual. Sin embargo, deberías considerar un propósito o el empresario debería fijar un objetivo, por ejemplo, reducir el tiempo de elaboración del producto mediante la compra de una máquina que le reduzca al menos a una unidad cada dos días.

Imaginemos que decides agregar $15 dólares más al capital, y el empresario, $5. Si es lo único de lo que disponen para cubrir sus gastos existenciales, quizás sea mucha la inversión, tomar casi el 50% de los beneficios para reinvertir. Sin embargo, veamos los resultados. Consideremos que la máquina tuviera un precio de $25 dólares. Al comprarla, el capital base quedaría en $105 dólares de $130 existentes. Si los costos de producción se mantienen igual, $105 es suficiente para el modelo de negocio. Veamos el nuevo comportamiento de los beneficios.

El inversionista seguirá con el mismo 11% de los beneficios. El empresario debe fijar su utilidad también. Imaginemos que se asigne un 11%. Considerando esta situación y que el producto rotara una vez al mes, estaríamos ante un gran fallo de asignación de retorno, porque estamos esperando un 22% de retorno de un producto que sólo genera un 14.29%. Antes de continuar, hay que detenerse a considerar algunos aspectos importantes en la asignación de precios de venta, ganancia y retorno de la inversión. En primer lugar, nunca drenes el capital de producción; no puedes sacar un beneficio que no deja el producto, porque de lo contrario estarías tomando parte del capital. En segundo lugar, cualquier decisión que vayas a tomar en términos financieros, considera siempre el peor de los casos.

El la situación anterior, el peor de los casos es que el empresario venda sólo un producto al mes. Obtendrían el 14.29% y podrían seguir operando, pero si toman el 22% esperado, estarían drenando al capital de producción un 7.71% ($8.10), que equivaldría a tener un capital base de $96.90, el cual no sería suficiente para seguir operando y se termina el negocio. Lamentablemente, no pueden asignarse el 11% estipulado. Como máximo, 7% cada uno.

Si realizamos los cálculos en base a una venta cada dos días, sin inyectar más capital, salvo que estaría sumándose sin capitalizar el 0.29% excedente de los beneficios, se tendría la siguiente distribución de utilidad.

Caso Ideal

Con la primera venta:
$$i = 7 \div 100 = 0.07$$
$$I = \$105 \times 0.07 \times 1 = \$7.35$$

Con 15 ventas al mes:

$$I = \$105 \times 0.07 \times 15 = \$110.25$$

Cada uno estaría teniendo un retorno de $110.25 dólares al mes. En el peor de los casos, si sólo realizaran una sola venta, cada uno sólo vería al mes $7.35 dólares.

Si la máquina que logró agilizar la producción hubiera costado mucho o superado la capacidad efectiva de los involucrados, para el peor de los casos, ya estarían en aprietos. Imaginemos que dicha herramienta la hubieran obtenido con un préstamo de $100 dólares y que fueran a pagar $10 dólares mensualmente, hubieran tenido que tomar de sus beneficios para pagar o no pagar el préstamo. Como este no fue el caso, entonces hubieran tenido dinero para pagar el préstamo.

Hay que ser cuidadoso con la inversión, con lo que se compra, con lo que se gasta... y no dejar de contemplar tu beneficio en lo que haces.

Para un caso y para el otro, hay un 0.29% que no hemos calculado. Éste se lo vamos a sumar al capital base de $105 dólares. Para hacerlo, será necesario pensar en cómo está fluyendo el modo en que se generan los beneficios o intereses. Para ello será vital dar entrada a dos conceptos fundamentales del interés o utilidad.

El caso que estamos tratando es una mezcolanza conceptual, donde por un lado hay una inversión y al mismo tiempo la vemos producir.

En el mundo financiero existe lo que se llama interés simple e interés compuesto.

En este caso particular tratado, tanto el inversionista como el empresario están obteniendo sus beneficios bajo un modelo de interés simple y el excedente que genere el beneficio no se está usando para toma de decisiones en el negocio. Es decir, tanto los beneficios como el excedente están siendo evaluados como si se tratara de interés simple. Veamos.

El interés simple no es más que los intereses que genera un capital inicial en un período de tiempo, el cual no se acumula al capital para producir los intereses del siguiente período. De aquí que los cálculos anteriores siempre se estén haciendo en base a $105 dólares.

Bajo el modelo de interés simple, lo único que aumenta los beneficios es la rotación o veces de venta del producto, y no aumenta de manera exponencial, sino lineal. A mayor rotación, mayor beneficio. Por ejemplo, veamos el comportamiento.

$$I = \$105 \times 0.07 \times 1 = \$7.35$$
$$I = \$105 \times 0.07 \times 2 = \$14.70$$
$$I = \$105 \times 0.07 \times 3 = \$22.05$$
$$...$$
$$I = \$105 \times 0.7 \times 15 = \$110.25$$
$$I = Co \times i \times n$$

Como vemos, aumenta de manera lineal, una recta en un plano cartesiano. Aquí, n representa las veces que se pone en movimiento el capital base.

Si aplicamos el mismo principio del interés simple, pero ahora para ver crecer el capital inicial, se tendría lo siguiente:

$$Cf = Co + I$$

Donde Cf es el capital final, Co, el capital inicial, I, el interés generado. Se tendría entonces:
$$i = 0.29 \div 100 = 0.0029$$
$$I = \$105 \times 0.0029 \times 15 = \$4.57$$

$$Cf = \$105 + \$4.57 = \$109.57$$

En 15 capitalizaciones simples en un mes, el capital inicial pasó de $105 a $109.57 dólares. Esto luce bueno a primera vista. Podría estar siendo una buena práctica comercial.

El interés compuesto es la fórmula mágica de la riqueza. Éste representa el porqué de la sugerencia de ahorrar y retirar luego de un período de tiempo considerable.

Vimos que el interés simple mantiene el mismo capital invertido. Si se tratara de un ahorro bajo este modelo, el interés siempre se calculará en base al capital inicial y sería como si los intereses fueran por un lado y el capital por otro. En cambio, en el interés compuesto, los intereses que se van generando al finalizar cada período, se van sumando al capital anterior, de manera que sirve de base para calcular los nuevos intereses generados con ese nuevo capital.

El interés compuesto es como una bola de nieve que baja de una montaña, va creciendo según recoge partículas de nieve en su recorrido. He aquí el concepto:

El interés compuesto se hace posible cuando los intereses obtenidos cada vez que capitaliza nuestra inversión o préstamo no se retiran o pagan, sino que se reinvierten y se añaden al capital inicial o principal.

Lo anterior es la razón por lo que la gente dice "hay que ahorrar". Es simplemente por el efecto en el tiempo del interés compuesto.

La inversión que hace poco realizaste en el empresario del caso anterior, es probable que haya sido buena. Ahora vamos a imaginar que inviertes la misma cantidad en un modelo que te retorne interés compuesto.

Las ecuaciones del interés compuesto son las siguientes:

$$Cf = Co + I$$
$$I = Co \times i$$
$$Cf = Co + I$$
$$Cf = Co + Co \times i$$

El factor común acá es el Co, entonces:

$$Cf = Co(1 + i)$$

Pero ahora, las veces que capitaliza, se comporta de manera exponencial, y se tiene:

$$Cf = Co(1 + i)^n$$

Antes de ver el uso de la forma exponencial, veamos cómo se llega paso a paso a la última capitalización.

Invertirás los $100 dólares a una tasa del 7%, capitalizable cada dos días por un tiempo de 30 días. Tendrás 15 capitalizaciones durante los 30 días, tal como tu experiencia anterior. En la ecuación siguiente, p es el período calculado, C capital de tal período.

$$Cf = Co(1 + i)$$
$$C1 = \$100.00(1 + 0.07) = \$107.00$$
$$C2 = \$107.00(1 + 0.07) = \$114.49$$
$$C3 = \$114.49(1 + 0.07) = \$122.50$$
$$C4 = \$122.50(1 + 0.07) = \$131.08$$
$$C5 = \$131.08(1 + 0.07) = \$140.26$$
$$C6 = \$140.26(1 + 0.07) = \$150.07$$
$$C7 = \$150.07(1 + 0.07) = \$160.58$$
$$C8 = \$160.58(1 + 0.07) = \$171.82$$
$$C9 = \$171.82(1 + 0.07) = \$183.85$$
$$C10 = \$183.85(1 + 0.07) = \$196.72$$
$$C11 = \$196.72(1 + 0.07) = \$210.49$$
$$C12 = \$210.49(1 + 0.07) = \$225.22$$
$$C13 = \$225.22(1 + 0.07) = \$240.98$$
$$C14 = \$240.98(1 + 0.07) = \$257.85$$
$$C15 = \$257.85(1 + 0.07) = \$275.90$$

En el proceso anterior, vemos cómo va creciendo nuestro capital en cada período de capitalización. Quise seguir esa forma, para que captaras el poder del ahorro o la razón de por qué la gente ahorra.

Mientras que el interés simple crece de manera lineal, aquí lo hace de manera exponencial. Este es el secreto.

Por la ecuación con componente exponencial, tendríamos lo siguiente en la capitalización número 15:

$$Cf = \$100(1 + 0.07)^{15}$$

$$C15 = \$275.90$$

La ventaja de esta ecuación reside en que puedes determinar en cuánto terminará tu capital en cualquier período capitalizable, usando el monto inicial solamente, de manera que, por ejemplo, en el período 7:

$$Cf = \$100(1 + 0.07)^7$$
$$C7 = \$260.58$$

Esto es lo que pasaría si retiraras tus ahorros o inversión en el período 7; recibirías $260.58, para un interés generado de $160.58 dólares.

El interés o utilidad generada en las 15 capitalizaciones se podría calcular como sigue:

$$I = Cf - Co$$
$$I = C15 - Co$$
$$I = \$275.90 - \$100.00$$
$$I = \$175.90$$

La clave de la generación de riquezas está en la reinversión, usar los intereses generados para seguir generando más intereses.

Bajo este modelo, en comparación con el del interés simple, has logrado una mayor utilidad. En el primero, generaste $110.25 dólares de beneficio sin aumentar el capital de inversión, simplemente reinvertiste el mismo capital en cada capitalización ($105.00). En el segundo, te aproximas a duplicar la utilidad, generando $175.90 dólares de retorno en 15 capitalizaciones, dejando que los intereses se sumaran a tu capital base o inicial ($100.00).

Lo que acabas de captar, es un caso ideal, sin embargo, sería una realidad si te ofrecieran tal facilidad en la vida real.

Si fueras a un banco con intenciones de ahorrar, verás que cada institución tendrá sus opciones de inversión. Para cuentas personales, es probable que te ofrezcan una tasa de interés anual con capitalización anual.

Cuando nos referimos a que un ahorro o inversión capitaliza en un momento determinado, queremos significar que es el momento en que se suman los intereses al capital inicial o anterior, en caso de tratarse del interés compuesto.

Dentro de las veces de capitalización, escucharemos con frecuencia invertir o ahorrar a t cantidad de años con n capitalizaciones por año, a una tasa i de interés cada vez que capitalice la inversión, lo cual es lo que hemos estado tratando hasta el momento.

Las capitalizaciones más comunes en el mercado podrían ser las siguientes: capitalización anual, semestral, cuatrimestral, trimestral, bimestral, mensual, incluso quincenal, semana, diaria…

Hay que estar atento a las veces que capitaliza nuestro dinero en un tiempo determinado, porque del número de capitalizaciones dependerá nuestro beneficio o utilidad, además de la tasa de interés. Refuerzo esta idea por la simple relación matemática de proporcionalidad directa. A mayor n en un tiempo estipulado a una tasa i constante, mayor retorno de la inversión. Por ejemplo, decides invertir $100 dólares en un banco B, por un año a una tasa de interés del 10% semestral, y $100 dólares en otro banco O, por un año a una tasa del 10% trimestral. ¿Cuál será más conveniente si ambos usan interés compuesto?

Datos:
Co = $100
i = 10%
t = 1 año
n = ?

Solución:

Banco B
n = 2, porque un año tiene dos semestres.

$$Cf = \$100(1 + 0.10)^2$$
$$Cf = \$121.00$$

Para un interés I de $21.00 en un año.

Banco O
n = 4, porque un año tiene cuatro trimestres.

$$Cf = \$100(1 + 0.10)^4$$
$$Cf = \$146.41$$

Para un interés I de $46.41 en un año.

Recuerda que esto es un caso ideal. Lo más probable es que quien ofrezca mayor número de capitalizaciones, te dé una tasa de interés menor, pero igual debes calcular para comparar y determinar cuál banco te rinde mayor utilidad.

La ventaja de tener varias capitalizaciones por un tiempo determinado, es que si decides retirar tu capital, probablemente te vayas con unas cuantas capitalizaciones en tu favor. Imagina que depositas los mismos $100 dólares a una tasa del 10%, pero capitalizable anualmente y lo retiras antes del año. Te habrás ido con los mismos $100 dólares, por no esperar al año y su capitalización. En cambio, en los casos anteriores, si te llevas tus ahorros luego de los seis meses, al menos te habrás llevado el interés de la primera capitalización del banco B ($10 dólares), y el interés de dos capitalizaciones del banco O ($21 dólares).

Luego de haber recorrido este camino por el mundo de los intereses, inversiones y ahorros, cabe destacar una vez más que la riqueza material se alcanza con disciplina y paciencia, además de los otros ingredientes. Quien antes se retira de la inversión, antes declara su posible salida del camino de los ricos.

La clave de la riqueza económica e independencia financiera está en la realimentación del capital. Esto declara la ecuación del interés compuesto.

$$Cf = Co(1 + i)^n$$

Y vemos que las riquezas se acumulan de manera exponencial.

Si no persigues la riqueza a través del ahorro y prefieres la inversión en proyectos con mayor retorno que el que pudiera darte un banco, simplemente no pierdas de vista los riesgos que cada vía te ofrece. Tendrás habilidad necesaria para enfrentarte a cualquiera que elijas.

Por si te aventuras a seguir los pasos de los grandes en la inversión, aquí tienes algunos de los riesgos que deberías considerar al momento de invertir, según el autor e investigador David Bendel Hertz en su tratado "Risk Analysis in Capital Investment", Harvard Business Review (septiembre-octubre de 1979), pp. 169-181:

1. Tamaño del mercado
2. Precios de venta
3. Tasa de crecimiento del mercado
4. Participación en el mercado
5. Vida útil (horizonte temporal)
6. Inversión total
7. Valor residual
8. Costes de explotación
9. Costes fijos
10. Coste de la inversión
11. Coste variable unitario
12. Valor esperado en unidades físicas del producto

Otros autores dividen el riesgo en riesgo económico y riesgo financiero.

El riesgo económico se refiere a la naturaleza o tipo de empresa y mercado donde opera. De aquí que tengas que tomar en cuenta estos factores para no terminar perdiendo tu capital en una inversión riesgosa.

Al momento de invertir en una empresa, debes conocer qué es lo que comercializa, su demanda y cómo se afecta su venta según fluctúa la economía.

Supongamos el caso de que tu empresa objetivo comercializa un producto que puede ser vendido por cualquier otra empresa, entonces la competitividad y barreras para cualquiera que desee entrar en ese mercado, no existen. De manera que no es una opción factible a primera vista. Es bueno elegir empresas cuyos productos se diferencien del mercado para así tener un menor riesgo en la inversión. De la demanda ni se diga, el producto debe ser demandable y soportar las épocas difíciles, es decir, venderse casi siempre o siempre.

Es necesario saber si los costes podrán variar en el tiempo, de manera que la producción pueda ajustarse a la demanda y lograr la utilidad deseada. Cuando los costes se mantienen fijos independientemente de la demanda, hace que sea muy riesgosa la inversión.

Imagina que la empresa donde has decidido invertir, tiene unos costes fijos de $10,000.00 dólares mensual y las ventas se han caído, porque entró un competidor en el mercado. Inicialmente, la empresa iba percibir unos $5,000.00 dólares mensuales de retorno. Supón que ahora hay que dirigir el 50% de los beneficios para cubrir los costes, acabas de dejar de percibir $2,500.00 dólares en ese mes, porque ahorita no podías variar tus costes. Este comportamiento es común que se dé cuando una empresa depende de un número específico de personas para poder operar; aunque baje la producción, no puede despedir a su personal o quizás romper acuerdos a premura. Esto es el sentido de la estructura de costes.

Ahora tendremos la dificultad del que quiere crecer. Si quieres invertir y tener bajo riesgo, tendrás que considerar el número de clientes y proveedores de la empresa objetivo.

Una empresa con pocos clientes y una gama u oferta limitada o, bien, un solo proveedor es el que le provee todos los productos, constituye una inversión riesgosa, porque ahorita no satisface la demanda o se queda sin proveedor y se cae el negocio. Si ocurre lo contrario, ésta tiene muchos clientes y muchos proveedores que le ofrecen variedad tanto en calidad y tipos de productos, entonces esta es una inversión a ser considerada.

Sucede que la empresa quizás va cumpliendo con las condiciones anteriores, sin embargo, no cuenta con una línea factible de distribución y venta de los productos, o bien, le cuesta mucho hacer llegar el producto al consumidor final. Estamos ante una problemática que dificulta la venta por dificultad de la distribución del producto o por su coste de comercialización. Esto sería una inversión riesgosa, aunque quizás tu inversión sea necesaria para mejorar los canales de distribución y comercialización de los productos.

Podría ocurrir que tu empresa objetivo supera las expectativas anteriores, sin embargo, los precios de venta son cambiantes, los clientes reciben créditos por demasiado tiempo, las cuentas por cobrar están que no soportan más deudas, los proveedores le dan muy poco tiempo para pagar la materia prima… el hecho es que esto proyecta mucha inestabilidad, de manera que las condiciones comerciales son difíciles. Con un panorama como éste, ni pensarlo, a menos que quieras salvar la empresa y reinventar las reglas y que igual te estén ofreciendo una alta tasa de retorno, lo cual incluso resulta cuestionable ante esta descripción del caso.

Por otro lado, continuando con los tipos de riesgo, tenemos el riesgo financiero. Es necesario saber cómo la empresa sostiene sus inversiones y cuántos recursos son ajenos, cuáles son los costes de utilización y plazo en que serán devueltos.

Imagina que decides invertir, pero la empresa opera con capital financiado y a largo plazo, además de que usa maquinaria alquilada para lograr crear sus productos, serían variables que podrían implicar cierto riesgo. Ahora bien, si su financiamiento es a corto plazo, podría considerarse, o que sea a largo plazo y falte poco tiempo para saldar.

Si el endeudamiento de la empresa es sostenible o de calidad, no habría por qué dudar. Podría ser factible invertir.

Hay que tener cuidado con invertir en empresas endeudadas.

Muchas líneas hacia atrás, se dijo que a ser rico se aprende, que hay que educarse, que hay que ser cauteloso, calculador, esperar el momento indicado, tener paciencia y estrategias de cazador, ser un lobo domesticado, prestar atención a los detalles, entre otras cualidades necesarias para ser rico.

Hasta aquí algunas pinceladas de la ecuación de la riqueza y de los riesgos que hay detrás de tal ecuación tan sencilla cuando se decide usar para invertir en empresas donde todo es posible.

Habiendo conocido algunos de los riegos a ser contemplados antes y durante una inversión, podrás forjarte una idea de por qué pocos pueden llamarse o convertirse en ricos. Sin embargo, el conocimiento te hace libre, abriéndote hacia nuevos horizontes y dándote la oportunidad de convertirte en aquello que deseas.

La fórmula de la riqueza debería ser enseñada desde la niñez, para así aumentar la tasa de probabilidad de que nuevos ricos puedan surgir. En algunas instituciones financieras se promueve el ahorro infantil, lo cual es bueno. Pero igual se debería enseñar y cultivar la cultura del rico en la niñez, en términos de actitudes y valores encaminados hacia la riqueza.

El despertar de la grandeza

La curiosidad mató al gato.
Pero aún le quedan seis vidas.

Vivimos bajo una ilusión, bajo la creencia de que, prácticamente, todo está hecho o resuelto y nos dormimos en los laureles de la gloria creída.

La pasividad mata la creatividad y curiosidad de muchos de los que hoy desean ser ricos. Algunos lo anhelan, otros nacieron en las cunas de la riqueza, pero tanto el uno como otro están padeciendo del efecto todo está hecho o no vamos a reinventar la rueda. Lo cierto es que muchas cosas están hechas, pero si no fueran mejoradas cada día, haría tiempo que hubieran desaparecido del mercado. Siempre hemos estado reinventando.

Si todo está hecho, ¿por qué no hemos llegado a Marte? Si todo está hecho, ¿por qué no hemos podido superar las profundidades de los océanos? Si no todo está hecho, ¿por qué no existe un sistema que sea infalible? Si todo está hecho, ¿por qué existen enfermedades que tristemente acaban con la humanidad? Si todo está hecho, ¿por qué existe hambre en el mundo? Si todo está hecho, ¿por qué hombres se matan entre sí? Si todo está hecho, ¿por qué existe tanta carencia en la humanidad?

No todo está hecho. Algo está hecho. Y si quieres ser rico, tendrás que empezar a explorar nuevas oportunidades y descubrir lo que haya que mejorar en el mundo.

Hay que empezar a despertar la curiosidad, a explorar, a buscar los detalles en las cosas, a borrar las expresiones populares de conformismo. Aún falta mucho por hacer.

La ilusión que ha creado el avance tecnológico de que todo aparente estar hecho, tan sólo es una proyección de marketing. Los emprendedores e influentes que vemos en las redes sociales, youtube, instagram, facebook, se pueden contar con respecto a la población mundial. Se necesita más gente integrada a la generación de soluciones a las problemáticas actuales.

El calentamiento global sigue ahí, el derretimiento de los glaciares en los polos es un hecho evidente. ¿Se podría decir que está resuelto ese problema? Si deseas ser rico, hay muchas oportunidades disponibles. Depende de ti dar el paso o no.

Es común decir que los inventos sencillos ya están hechos, que, por lo tanto, es difícil encontrar un invento que te catapulte hacia la cima económica. Es probable que aumentando nuestro nivel de introspección, podamos encontrar soluciones a las problemáticas complejas que vivimos hoy.

Resolver problemas complejos es tan fácil como dividir y vencer. Divide y vencerás es un tipo de algoritmo para resolver operaciones complejas en lenguajes de programación. Es la técnica de abstraer un problema y resolverlo por sus partes. El detalle está en que tendemos a ver el problema completo, alimentado por la percepción de los demás y terminamos poniéndolo más grande de la cuenta.

Divide y vencerás es una estrategia colaborativa para resolver situaciones complejas. Por ejemplo, tenemos la problemática del acceso al agua dulce o potable y a diario desperdiciamos cientos de galones mientras realizamos nuestras actividades cotidianas. Solución: Colaboremos todos, usando menos, cerrando el grifo, destrozando menos la naturaleza. Cada vez que alguien cierra el grifo mientras se cepilla, ya está aportando a la solución.

Es probable que si recuerdo lo del grifo, es porque alguien haya desatado un mensaje viral sobre lo que representa nuestro uso inapropiado del recurso agua. Ya empezó a aportar a la solución. Estrategia: un mensaje llamativo con información verificable. Contenido:

colaboración de todos para disminuir la cantidad de agua que desperdiciamos cada día.

Despertar la grandeza es despertar la sensibilidad y empezar a responder con soluciones novedosas ante las situaciones que se nos presentan cada día. Para los que creen en la casualidad, la riqueza podría visitarte haciendo lo correcto, lo que amas.

La programación del éxito

El éxito es un animal no domesticado.
Es tuyo cuando lo domesticas.

A inicios del tratado, se dijo que a ser exitoso se aprende, así como se podría aprender a ser feliz. Igual se planteó que existía diferencia entre ser exitoso y sentirse exitoso.

Educar el cerebro para que siempre vea el éxito, es educarlo para que siempre vea la oportunidad en todo lo que emprendas. Es prepararlo para crecer a través de cualquier experiencia. Es plantar la semilla del optimismo, para que germine, crezca y proyecte buena actitud ante toda eventualidad.

Ser exitoso y sentirse exitoso son diferentes, pero se complementan. Alcanzada una meta, por más mínima que sea, deberíamos tener la sensación de éxito. En la medida en que voy saboreando los pequeños éxitos y disfrutándolos, le voy proyectando al cerebro que es bueno lo que estoy consumiendo o experimentando. Es así como éste entonces empieza a sentir confort, a liberar los neurotransmisores que me mantienen feliz y enérgico para seguir avanzando a la próxima meta. De aquí que ser exitoso se alimenta de las sensaciones positivas; cuando esto no ocurre, aunque estés teniendo éxito, no lo puedes apreciar y la probabilidad de que termines frustrado, es alta.

Racionalizar un poco las situaciones e indicarle al cerebro o convencerse a sí mismo de que es bueno lo que está pasando, ayuda a ir construyendo una vida positiva y encaminada al próximo éxito. Hay que hacer que cada experiencia se convierta en un éxito.

Si no lo sientes, los demás tampoco lo sentirán. Verán en ti una persona con rostro apagado, quizás amargado y no valorarán lo que acabas de alcanzar.

Todo esto de sacar el lado bueno de las situaciones, se resume en ser agradecido, en apreciar la oportunidad que tuviste para mejorar. Una persona exitosa es agradecida y esto proyecta de sí un ingrediente de liderazgo, porque los demás aprecian tal actitud.

El éxito surge del cultivo de la calma, la reflexión y la acción constructiva. Ante el peligro inminente de una situación, lo común es ver y catalogarla a primera vista como perjudicial, y posiblemente salirle corriendo.

Imagina que esperas un resumen ejecutivo de un empleado. El estándar es que sea entregado en una página, con gráficos y conclusiones. Sucede que te ha entregado tres páginas durante la reunión estipulada ante los demás miembros de la alta gerencia. Quizás decidas enojarte, porque el resumen no cumple con los requisitos. Sin embargo, te detienes, observas el documento y te das cuentas de que las páginas extras representan los detalles de los puntos de fallo de las ventas del mes, de manera que puedes justificar ante todos que las ventas se cayeron porque los vendedores estaban visitando los negocios en las horas de almuerzo o en momentos inapropiados.

Conserva la calma, reflexiona y luego actúa. No puedes ver las oportunidades mientras estás airado. Y no olvides ser agradecido. No era como esperabas, pero te hizo un favor.

Hay que educar al cerebro para que vea lo bueno en lo que haces. Si has comido chile o ají picante, quizás te hayas dado cuenta de que la sensación es fuerte, pero en breve tiempo el cerebro se acostumbra y te retorna una sensación de placer o adrenalina. Libera eso que justamente esperas ante el dolor, endorfinas y dopamina.

Imagina que vas a una veterinaria a comprar un perro. Mientras pasas frente a las jaulas, ves cuan fuerte te ladran los canes e incluso te asustas, pero sigues avanzando en la búsqueda. Cuando llegas al final de pasillo, quedas pasmado con el fuerte ladrido y golpe que da el último canino a su jaula. El susto es grande; quedas marcado por el impacto y te diriges hacia el administrador.

Le dices al dueño o encargado que no deberían tener tal perro en venta como mascota. Él te responde con una sonrisa y te expresa que algunas personas gustan de esa raza y que por ser tan poderoso, lo ubican al final del pasillo. Te quedas pensativo ante su respuesta. Luego de unos minutos pensando, decides comprarlo. Les cuesta trabajo montarlo a la camioneta con todo y jaula. Mientras conduces a la casa, éste realiza movimientos estruendosos, los cuales incluso hacen vibrar el vehículo.

Al llegar a la casa, te preparas para bajarlo. El perro golpea la jaula y muestra sus dientes, deseando caerte encima. Lo ubicas en el lugar determinado para él y tomas un descanso.

Más tarde, te diriges al perro. Sigue igual de rabioso. Te detienes, lo miras a los ojos y notas cómo va calmándose e incluso comienza a mover su cola. Acabas de conquistar a tu defensor.

Es así como se programa el éxito. No llega, está ahí. Sólo tienes que conservar la calma, detenerte a descubrirlo, y si luce peligroso, proceder a domarlo.

Las piedras preciosas son piedras hasta que un artista decide tallarlas y convertirlas en joyas. El éxito se crea.

Programar el éxito es programar tu mente para ver oportunidades en todo lo que te ocurre.

La programación de la riqueza

Nadie decide nacer rico o pobre.
Tú decides por el próximo.

La riqueza tiene patrones así como las notas musicales de una canción.

Si recuerdas al granjero, recordarás que los cerdos van creciendo según le das de comer en el tiempo. Si recuerdas la ecuación del interés compuesto, te darás cuenta de que el capital final crece en la medida en que dejas sumar el interés ganado al capital inicial o anterior; los beneficios sumados al monto anterior, generan nuevos beneficios.

Si observas, hay un patrón. Si te mantienes en la curva, sigues creciendo. Es cuestión de repetir el acto e ir abriendo la mente y el corazón hacia lo que está por venir.

Nacemos sin decidirlo, pero vivimos por decisión. No decidimos en qué núcleo familiar nacer, pero sí cuál será el núcleo para la próxima descendencia.

Si no nacimos en cuna de oro, entonces es el momento para empezar a construir la cuna de nuestra próxima generación. Es cuestión de conocer las opciones y cómo funcionan.

Opción 1: El clásico del ahorro

Para mentes pasivas, poco atrevidas, el ahorro es el camino seguro a la generación de riquezas. Estar consciente del factor tiempo para ver crecer los beneficios.

Si ahorrar es tu decisión, busca la institución financiera que mejor tasa de interés te ofrezca y la que capitalice más por año.

Recuerda que se ahorra de lo que se tiene. Luego de haber calculado todos tus gastos, parte del excedente es lo que elegirás para ahorrar. Bajo este modelo, quizás no llegues tan rápido si tu misión es hacerte rico.

A través de la opción del ahorro, tus riquezas serán mayores según el monto inicial que deposites. Esto podría depender de tus ingresos y de tus gastos.

Cuando realmente estamos decididos a algún día contar con un capital que nos permita tomar decisiones hacia nuevos horizontes, como poner nuestro propio negocio, irnos de vacaciones o quizás complementar nuestros fondos de pensión, entonces tendemos a recortar gastos, a vivir una vida más controlada; aprendemos a priorizar, a comprar lo que realmente necesitamos, sin necesariamente drenar nuestra calidad de vida, porque muchas de las cosas que tenemos, por lo general, no las necesitamos, simplemente hemos creado necesidades o nos las han creado. Cuando empezamos a poner en práctica este comportamiento, entonces iniciamos a convertirnos en el rico que deseamos ser.

Volviendo al ahorro, imaginemos que luego de haber calculado todos nuestros gastos, de nuestros ingresos nos queden $200 dólares mensualmente. Cada mes los tomaremos y los agregaremos a la cuenta de ahorros. Supondremos que seguiremos esa práctica por un período de 5 a 10 años. Buscaremos la tasa del mercado que nos devuelva mayor utilidad, la cual dependerá de las veces que capitalice por año y de la tasa de interés propiamente dicho. Los bancos comerciales nos van ofrecer interés compuesto, por lo tanto, procederemos a usar la ecuación del interés compuesto.

Imaginemos el caso medio de la oferta bancaria del mercado: 8% anual, capitalizable semestralmente, es decir, 4% por período, porque el año tiene dos semestres. La ecuación para convertir la tasa al valor por período es:

$$i = \frac{\text{tasa de interés anual}}{\text{frecuencia de conversión}}$$

En este caso, la frecuencia de conversión es 2, porque el año tiene dos semestres. Recuerda que i es la tasa de interés que usaremos para nuestros cálculos.

$$i = \frac{0.08}{2} = 0.04$$

Ahora procedamos con la ecuación del interés compuesto.

$$Cf = Co(1 + i)^n$$

Imaginemos que hacemos nuestro primer depósito de $200 dólares el 1 de enero. El 30 de junio tendremos nuestra primera capitalización. El 31 de diciembre tendremos la siguiente.

Al 30 de junio:

$$Cf = \$200.00(1 + 0.04)^1$$
$$Cf = \$208.00$$

Al 31 de diciembre:

$$Cf = \$208.00(1 + 0.04)^1$$
$$Cf = \$216.32$$

Al año completo:

$$Cf = \$200.00(1 + 0.04)^2$$
$$Cf = \$216.32$$

Recordar que n es el número de períodos de capitalización en un tiempo determinado y que la tasa i a usar es aquella con la que capitalizará en cada período.

En 5 años, tendremos 10 capitalizaciones. Es decir:
n = frecuencia de conversión × tiempo

$$n = 2 \times 5 = 10$$

Nuestro capital en 5 años, considerando sólo el depósito único de $200 dólares, será:

$$Cf = \$200.00(1 + 0.04)^{10}$$
$$Cf = \$296.05$$

En 10 años:

$$Cf = \$200.00(1 + 0.04)^{20}$$
$$Cf = \$438.22$$

Si cancelamos la cuenta a los 10 años, nos habremos ganado $238.22 dólares.

Esto que acabas de ver, es tan sólo para un depósito único, si sigues ahorrando de $200 en $200 cada mes, la historia será otra.

Consideremos que ahorraremos la misma cantidad, pero anualmente, es decir, cada año tomaremos $200 dólares y los llevaremos a la cuenta. En esta ocasión, sí que estaremos teniendo constancia en los depósitos, en 10 años habremos hecho 10 depósitos.

Para poder hacer los cálculos del capital final del caso anterior, tendremos que usar un sistema, porque podría tornarse tedioso hacerlo manualmente.

Replanteando el caso inicial, tenemos 4% semestral, capital inicial de $200 dólares, adicionando $200 anualmente, luego de finalizar cada período al año, por un tiempo de 10 años. Bajo estas condiciones, habremos acumulado $2,726.93 dólares. En esos diez años, llegaste a depositar $2,000.00 dólares, has generado un beneficio o utilidad de $726.93 dólares. Esto fue tan sólo con depósitos anuales de $200 dólares; si lo hiciéramos mensual, otra fuera la historia de beneficios.

Quizás entiendas que ahorita estos beneficios no son suficientes para hacerse rico. Si en tu mejor caso puedes ahorrar $2,400.00 anualmente, que serían unos $200.00 mensuales, terminarás teniendo unos $32,723.12 dólares en diez años, para una ganancia de $8,723.12 (esto tomando los mismos datos iniciales de la inversión, aumentando el monto de los depósitos). La verdad es que si tus ingresos no te lo permiten, irás forzado para alcanzar la riqueza.

Si te preocupa esta opción, quizás sea necesario recordar que no es hacerte millonario, es ir adoptando la cultura del rico, y ésta es una de ellas.

Hay un sentimiento que se llama seguridad. Cuando ahorras, vas forjando seguridad en tu vida, y al mismo tiempo, esa seguridad te ofrece otras oportunidades que se traducen en tranquilidad y tal tranquilidad se transforma en aumento de probabilidad de éxito y felicidad. Una persona que se sienta tranquila por su futuro, cuenta con una mente más abierta a ver oportunidades que una persona estresada no logra ver. He aquí parte del secreto del ahorro.

Cuando ahorras, puedes poner tu mente a volar, establecer planes que te mantendrán motivado en la decisión y esa motivación te hará ser más productivo. Dar el primer paso es la clave.

Imagina que has ido ahorrando $2,400.00 dólares al año mientras trabajas en una pastelería. Tu plan es montar tu propia empresa en los diez años del caso referido anteriormente. En ese tiempo, has ido aprendiendo a desarrollar tus propias estrategias para atraer y mejorar las ventas. Te has hecho experto en la fabricación de pasteles. Transcurrido el plazo de ahorro, ya podrás tomar la decisión de tu sueño. Quizás tengas que financiar algo, pero al menos cuentas con una cantidad que te ayudará a dar el primer paso.

Hay que tener cuidado con las ideas sensacionalistas. Recuerda que el rico ha de ser realista en lo que hace. La idea no es sacarse la lotería, sino construir una base sólida de bienes, que te permita mantenerte en el tiempo y gozar de cierta calidad de vida. Sienta el precedente.

La mayoría de programas de televisión venden lo extraordinario y, en su proceso, cualquier persona con baja autoestima podría terminar creyendo que sólo llegará a algo en la vida si es extraordinaria, un genio, una celebridad. Lo cierto es que las celebridades y genios son contados. La media poblacional es normal y desde esa normalidad es que tiene que nacer todo aquel que desee ser grande.

Contrario a lo dicho anteriormente, el creerte que sólo tendrás éxito si eres un genio o una celebridad, habría que refutar que es una creencia, no necesariamente una realidad. Simplemente lo crees y es una posible falsa creencia; no significa que vaya a ser así. Ahora bien, hay que tener cuidado con las creencias, y en especial con aquellas que atenten contra tus sueños. Todos podemos ser lo que deseemos ser y hacer realidad lo que soñemos.

Volviendo al ahorro, es importante que sepas que así como tendrás unos cuantos dólares extras en diez años o en el tiempo que decidas, así mismo se va dando un fenómeno económico llamado inflación, aumento de los precios de los productos, lo que podría traducirse en un bajo rendimiento de lo que termines recibiendo.

Lo anterior, tan sólo es un factor. Se hace la salvedad para que ahorita no vayas a creer que se te está vendiendo un sueño. Es bueno ser rico, pero un rico consciente del todo.

El rico tiene que estar consciente de las variables que afectan sus decisiones. Si no las toma en cuenta, podría terminar fracasando en sus intentos.

Este ha sido el camino del ahorro. Quizás no el mejor, pero bueno cultivarlo. Cuando ahorras, estás entregando al banco tu dinero para que lo administre, genere utilidad y te devuelva parte de ella. Como tal, no tienes que preocuparte por el cómo lo pone generar intereses, pero sí decirte que la razón por la que no recibes tan altas tasas de retorno, es porque los bancos tienen una estructura de empleados que son responsables de hacer llegar tu dinero a manos que lo ponen a producir en negocios a cambio de un interés determinado.

Cuando un banco te retorna un 8% de interés anual por tu dinero ahorrado, es porque ahorita lo ha invertido o prestado a una tasa tan conveniente que le permita existir como banco, mantener su empleomanía y que le resulte un tanto rentable al cliente que recibe el dinero. Es un mero intercambio y representación de tu dinero.

Al llevar tu dinero a una institución financiera, le estás depositando tu confianza para que generen utilidad con éste. Igualmente, te estás descargando de una posible responsabilidad de prestarlo tú mismo a un tercero y asumir el estrés de estar cobrando y el riesgo de que no te paguen.

Si ves baja la tasa del mercado por tu dinero, quizás ya lo entiendas mejor. Estás comprando tranquilidad, y como ves, ésta tiene un precio.

Cuando entendemos la dinámica financiera, empezamos a dejar de sufrir, porque disminuimos nuestra ignorancia. Ya no tenemos que decir que los bancos son unos ladrones. Aprendemos que son negocios y que todos deseamos ganar.

Ahorrar es tu decisión.

Opción 2: La atracción de la inversión

La inversión es un tanto parecida al ahorro, aunque el ahorro es invertir, pero a través de un tercero. Cuando decides invertir, la primera imagen que viene a la mente es la de un proyecto que requiere capital y tú tienes la posibilidad de inyectarle.

Muchas personas tienen la voluntad de invertir en proyectos promisorios, pero al mismo tiempo les aqueja el temor de los riesgos económico y financiero; les preocupa la rentabilidad y el riesgo de la inversión. Para evitar ese mundo de incertidumbre, lo que queda al inversionista es conocer los riesgos implicados en una inversión determinada, para así saber si es factible o no.

Mientras se trataban los enfoques de riesgos por los tipos riesgos económicos y riesgos financieros, se hicieron algunos análisis de inversión a groso modo, procurando forjar una idea de cómo decidir ante una variable u otra. Ahora se procederá a realizar otro enfoque para una posible inversión, pero contemplando variables del tratado de Hertz.

Imaginemos que invertiremos en una factoría de arroz, pero que esa factoría es Estados Unidos de Norteamérica.

Primero vamos a considerar el **análisis del mercado**. A éste le asignaremos cuatro variables:

Tamaño del mercado

Se refiere a la cantidad de productos en unidades que puede consumir el mercado objetivo.

Según la FAO (Organización de las Naciones Unidas para la Alimentación y la Agricultura), en el mundo se cosechó 759.6 millones de toneladas de arroz (503.9 millones de toneladas arroz elaborado) para 2017 (Seguimiento del mercado del arroz, abril 2018). Suponiendo que el arroz elaborado será la cantidad consumida por el mercado, entonces el tamaño de nuestro mercado mundial es de 503.9 millones de toneladas. Sucede que Estados Unidos de América sólo produce el 2% (FAO, 2006) del arroz en el mundo. Si sólo vamos a mercadear en este país, entonces debemos delimitar nuestro mercado, que pasaría de 503.9 a 10.1 millones de toneladas de arroz elaborado y 15.2 millones de toneladas en cáscara.

Precios de venta

Se trata de los precios a los que serán vendidos los productos o servicios, contemplando los márgenes de beneficio.

Para marzo de 2019, el arroz en cáscara se estuvo vendiendo a $238 dólares la tonelada en Chicago (https://arroz.com/tags/estados-unidos, marzo 14, 2019).

Tasa de crecimiento del mercado

Se trata de la rapidez porcentual con que crece el mercado, según predicciones basadas en el historial de consumo de períodos anteriores.

De 2016 a 2017, la producción aumentó en un 0.6% o 4.5 millones de toneladas. Para este período, la tasa de crecimiento del mercado fue de 0.6%.

Participación en el mercado

Se refiere al porcentaje del mercado que puede ser cubierto por la empresa si decidiera ofrecer sus productos o servicios.

La participación de Estados Unidos de América en el mercado mundial del arroz es del 2% (FAO, 2006).

Ahora vamos a registrar el **análisis de costos de inversión**. A éste le asignaremos tres variables:

Inversión total

Se trata del costo total implicado desde montar la empresa, ponerla a producir y hacer llegar el producto o servicio al cliente.

Como ejemplo, y para aproximarnos más a la realidad, sumaremos un 30% a los costes fijos para tener nuestra inversión total. De manera que ésta será de $2,307.2 millones de dólares.

Vida útil (horizonte temporal)

Se refiere al valor que se recuperaría en maquinarias e inmuebles si se deseara venderlos al cabo de finalizada su vida útil. Se trata de la depreciación que sufren en el tiempo. Para determinarla, se usa el método de depreciación de acuerdo a la ley de equidad tributaria existente.

El tiempo útil de las maquinarias de arroz ronda en los 10 años.

Valor residual

Es el valor con que terminarían las edificaciones, construcciones, vehículos de trabajo, maquinaria y equipos, centrales telefónicas, máquinas móviles e instalación de oficina, entre otros, luego de aplicarle el porcentaje de depreciación en el tiempo de vida útil.

Supongamos que la depreciación de las maquinarias utilizadas para producción, terminaran al 10% en 10 años para la inversión realizada. Como ejemplo, aplicaremos el

10% a los costes fijos. Entonces tendremos un remanente de $177.5 millones de dólares.

Otros costes serían los siguientes:

Costos operativos

Son los costos de mantener en operación la empresa. En este grupo se encuentran los costes de explotación, coste variable unitario, coste de la inversión, entre otros.

Entre 1991 y 2011, para producir 1 tonelada de arroz, tenías que invertir $114.5 dólares. Es decir, $114.5/ton.

Costes fijos

Se refiere a los costes que no cambian aunque cambie la producción. Aquí aparecen los gastos de personal administrativo, renta, entre otros.

Entre 1991 y 2011, para producir 1 tonelada de arroz, tenías que invertir $114.5 dólares. Si nuestro mercado es de 15.2 millones de toneladas, entonces tendremos una inversión total de $1,774.75 millones de dólares.

Valor esperado en unidades físicas del producto

Es la cantidad que se espera producir por espacio y recursos disponibles. Se refiere a la capacidad de producción.

Entre 1991 y 2011, el rendimiento promedio en un año de producción fue de 7.1t/ha (toneladas por hectárea).

Si deseáramos calcular la rentabilidad de la inversión en base a los datos que tenemos, se tendría:

Para 2009, 1 acre (0.40ha) de arroz dejaba una utilidad de $229 dólares ($572.5 por hectárea). Suponiendo que al 2019 se mantuviera constante (10 años más tarde), sembrando las 1.2 millones de hectáreas destinadas a la producción de arroz, se tendría un retorno de aproximadamente $687 millones de dólares por año.

$$\text{ROE} = \frac{\$687.0}{\$2,307.2} = 0.2978$$

Esto significa una rentabilidad del 29.78% anual.

Para poder completar este análisis, habría también que agregar los riesgos económicos y financieros. Por ejemplo, el grado de penetración de importación de arroz de Estados Unidos para 1990-2010 fue de 6%, prácticamente satisfaciendo su demanda interna; sin embargo, se sabe que para ese período, su indicador de transabilidad fue de 41.6%, representando esto un exceso de oferta de arroz, significando que el modelo de negocio de este producto está orientado para la exportación, teniendo entonces lugar el factor de competitividad contra el mundo. Este país está en el cuarto lugar como exportador mundial, estando por encima India, Vietnam, y Tailandia, el cual ocupa el primer lugar.

Todos los planteamientos anteriores están partiendo de datos existentes. Las alteraciones hechas en algunos casos, tienen el propósito de ejemplificar. Se trata de un proceso empírico, basado en datos crudos. A la hora de realizar una inversión seria, es necesario contemplar más variables y someter a simulación cada una en modelos probabilísticos. Risk Analysis in Capital Investment de David B. Hertz podría ser útil u orientativo.

Hacer este recorrido por conceptos importantes de inversión, es para que haya conciencia a la hora de tomar decisión en cualquiera que fuera el mercado.

En su libro, El Miedo a la Libertad, Erich Fromm plantea que el capitalismo libertó al individuo, se convirtió en dueño de su destino, donde suyo es el riesgo, suyo el beneficio. Para eliminar los temores en la inversión, hay que conocer, y es el camino que se ha estado recorriendo hasta el momento.

Conocer lleva al individuo a disminuir la tasa de errores y a aumentar su probabilidad de éxito. La libertad se conquista con conocimiento.

Si vas a invertir, empieza con proyectos a escala, y según vayas adquiriendo destrezas y confianza, entonces vas aumentando la apuesta. Así bajarás los niveles de incertidumbre y riesgos. Lo ideal sería que te especializaras en el mercado con dos o tres productos.

Opción 3: El sueño de tu propio negocio

Habiendo pasado por el camino del ahorrante, donde todos los riesgos los asume la entidad financiera; la decisión de la inversión, en la que tanto el inversionista como el empresario asumen los riesgos; ahora hemos llegado al momento en que decides asumir todo, ser inversionista y empresario, donde tuyo es el riesgo y tuyo es el beneficio.

Como ha sido tu decisión, ahora empecemos con breves pinceladas para proceder a montar tu propio negocio.

Recuerda que la misión es ser rico, a corto y largo plazo.

Querer tener una empresa es como querer tener un hijo, como desear tener un carro, entre otros deseos que implican gran responsabilidad. Cuando se desea algo, la primera cualidad que debe encenderse en la mente del rico, es la planificación. El rico se planifica, así como se planifica la riqueza, porque en sí misma, ésta se alimenta de muchas actitudes y aptitudes, como se ha planteado a lo largo de este tratado. Planificación para todo es el requisito.

Si quieres tener un hijo, probablemente, la secuencia estable a seguir en el tiempo es buscar y establecer una relación de noviazgo, determinar si la pareja gustaría casarse y tener hijos en un futuro, pedirle matrimonio y ver si acepta, casarse, establecer un plan familiar entre ambos, decidir en cuánto tiempo podrían estar preparados para traer la primera descendencia al mundo, embarazarse, cuidarse y alimentarse bien durante el embarazo, esperar seis o nueve meses, ir al parto, dar una bienvenida exitosa a la vida fuera del vientre y ahí comienza la nueva historia y los nuevos retos. Es posible que haya faltado algo.

Lo anterior es lo mismo que la pasará a tu intención de negocio.

A continuación se desglosa una lista de requisitos o pasos para llegar al punto de concretización de tu sueño de negocio.

UNO. Querer tener la empresa, saber que es y será tu pasión en la vida, que estarás identificado con el estilo de vida.

DOS. Definir la línea de negocio que deseas seguir, definir tu mercado.

TRES. Estar claro en cómo financiarás el negocio, si con capital propio, prestado o mixto. Del tipo elegido se desprenderán múltiples situaciones a ser consideradas. Si fuera a existir financiamiento, considerar lo siguiente:

A. Verificar tu historial crediticio. Éste podría ser determinante al momento de adquirir financiamiento.

B. Pedir estimación de tu capacidad de pago y endeudamiento. La institución financiera podría darte tu puntaje actual o posicionamiento financiero, el cual es un referente para poder recibir préstamos.

C. Plantear a la institución financiera cuánto necesitarás para iniciar tu negocio. Ahí te estimarán lo máximo que podrían prestarte, la tasa de interés más baja posible y el máximo tiempo para saldar. Cada variable y su valor van a depender del tipo de préstamo que desees adquirir.

Es importante reconocer que el banco estará fungiendo como un inversionista. En consecuencia, éste evaluará el riesgo crediticio que representas para él. Se trata de la probabilidad de que no dispongas de los fondos suficientes para cumplir con el acuerdo, por ejemplo, que ahorita tus ingresos sean menores de los esperados, que la empresa fracase, o que si se tratase de un empleado, éste pierda su empleo.

Si tomas un préstamo mientras eres empleado, se tratará de un préstamo personal. Por lo general, este tipo de financiamiento tiene una de las tasas de interés más altas del mercado, porque el riesgo es mayor. Se trata de préstamos sin garantía; el único respaldo es que estés empleado.

Se tienen también los financiamientos con garantes o codeudores. Estos podrían ser más fáciles de adquirir si cuentas con un garante solvente. Sus tasas tienden a ser más cómodas. Podrían tener mejores facilidades de pago.

Otra opción posible es que tomes el préstamo como empresa, lo cual implicará que ya estés operando y que transmita confianza para la inversión en base a pruebas de movimiento económico. Estos financiamientos tienden a ser más cómodos en el sentido de tasa de interés, tiempo de saldo… porque tienden a tener un riesgo menor si la empresa es prometedora.

Dependiendo de la jurisdicción, podrían existir bancos con proyectos o líneas de negocio orientadas a financiar a los emprendedores o pequeños empresarios. Esto sería una facilidad en tu favor.

Imagina que has recibido el préstamo a una tasa fija, la cual está supuesta a mantenerse así por un tiempo determinado, luego de superado tal tiempo, el aumento dependerá del fenómeno de la inflación, el cual se constituye en uno de los riesgos financieros. Es por ello que los financiamientos no toleran tasas fijas por mucho tiempo, porque depende de la estabilidad económica de la jurisdicción. Podría ocurrir que al momento de tomar el préstamo la inflación estuviera en 5% y, transcurrido un tiempo, se dispare en un 10% o más. El banco hará los ajustes para seguir compensando.

D. Evaluar si necesitarás un socio para llevar a cabo tu negocio. De manera que éste pueda ayudarte con el financiamiento y consideraciones legales.

CUATRO. Elegir el producto en el que te especializarás. Para iniciar, al menos dos o tres productos claves si tu misión es cubrir una variedad determinada del mercado. Todo dependerá de lo que realmente desees ofertar.

CINCO. Hacer un estudio de mercado, para saber si realmente eso que quieres ofrecer es lo que realmente desea dicho mercado, igual para conocer la disposición, experiencia y necesidades reales del consumidor.

SEIS. Crear un plan de trabajo, establecer tiempo y etapas a ser agotadas. Estudiar más fondo el comportamiento del mercado, comparar el movimiento del producto en otros mercados.

SIETE. Hacer una lista de posibles proveedores para tu gama de productos. Clasificarlos entre los que ofrecen crédito y los que no. Considerar los tiempos de entrega de los productos o materia prima.

OCHO. Preparar tu documento o propuesta de negocio, considerando la mayor cantidad de variables posibles. Aplicarle el análisis de riesgos económicos y financieros. En esta etapa es donde se agotan todos los pasos para abrir la empresa. A continuación se citan las sub-etapas de este paso:

A. Definir el nombre de tu negocio. Siempre es difícil buscar un nombre comercial que pueda identificarse con lo que se persigue, ya que se trata de que sea creativo, memorable, fácil de escribir, que no genere confusión, entre otros detalles, que no exista en el mercado local.

B. Diseñar tu logotipo. Éste será la imagen o idea gráfica con que acompañarás tu nombre comercial. Igual que el caso anterior, se espera que sea creativo, memorable, y que posiblemente represente tu idea de negocio.

C. Someter los pasos anteriores ante las instituciones de registros de nombres y marcas comerciales.

D. Hacer el registro mercantil. Esto te dará potestad legal para operar en el mercado y reconocimiento y confianza por parte del cliente.

E. Realizar otros procedimientos que fueran necesarios en tu jurisdicción.

NUEVE. Previo a contar con todas las condiciones operativas: persona jurídica, empleomanía, productos, etc., dar inicio a la empresa. Aquí demostrarás que cuentas con las actitudes y habilidades para llevar al éxito tu negocio.

Opción 4: La combinación laboral

Hay personas que complementan jornada laboral como empleado con actividades de entradas extras. Se dedican a la venta de productos por catálogo en tiempo libre, exploran nuevas oportunidades.

Con respecto a lo anterior, a lo de la actividad extra para entradas extras, lo importante sería poner el mismo criterio, como si se tratase de una empresa, de modo que se no pierda el carácter y se vaya la motivación. Es decir, que no sea una decisión porque ahorita la persona esté desesperada por completar ingresos para poder cumplir con sus gastos; debería ser otro proyecto de vida.

Cada paso abordado debe gozar de seriedad. Si no se le pone este ingrediente, el mercado objetivo no va a tener confianza en lo que se hace o, bien, tomará el primer producto a crédito, por ejemplo, y terminará no pagándolo, porque ahorita no se cuenta con una estructura para llevar registros de pago, seguimiento de deudas, o, bien, porque tomó el producto un amigo y se tiene temor en cobrarle.

Cada vez que se vende, no se puede olvidar que es una empresa y que uno mismo es la primera empresa. Hay gastos, hay riesgos, hay que contemplar ganancia y que el capital se mantenga y crezca en el tiempo.

Esta opción agrega estrés y quita oportunidad y estilo al concepto de rico. Sin embargo, sin olvidar que el ahorro debe estar en todas las opciones, disciplina y trabajo es el camino a la riqueza.

Opción 5: Administrar las riquezas existentes

Si la familia de la que procedes cuenta con riquezas y negocios, podrías prepararte para ser parte de los negocios, administrar...

Para este propósito, fortalecer la educación financiera y la administración de empresa, son caminos pertinentes.

Seguir los pasos del rico, es la prudencia.

Ser Rico –a corto y largo plazo–

Sentirlo, imaginarlo, creerlo.
Convertirlo en estilo de vida.

Hay un punto en el que creer tanto y a profundidad en algo, terminamos convirtiéndonos en ese algo, incluso sin llegar a él. Porque creerlo te transforma.

Ser rico es como hacer una receta y cumplirla paso a paso, de manera que nos quede como se especifica.

A corto plazo, la misión es dejarse transformar por aquello que conduce al deseo. Repetir y cambiar en el tiempo, son los dos elementos que garantizarán a largo plazo la realización de todo sueño.

Es necesario adoptar las formas de pensar del rico, todas las actitudes que lo definen. En el camino de la riqueza, encontramos muchas cualidades que lo caracterizan.

A corto plazo, no gastar hoy lo que se puede necesitar mañana. Ser medido en los gastos. No superar el ingreso queriendo darse todos los gustos. Hay que administrarse como si uno fuera una empresa.

A corto plazo, evitar las propuestas lujuriosas. Tener cuidado con las ventajas que ofrecen las tarjetas de crédito. Su dinero es prestado; no es nuestro, y lo que gastemos debe ser posible pagarse con nuestros ingresos. En caso de usarlas, sólo para emergencias; irse de fiesta, de compra o probar exquisiteces con este recurso, no son emergencias.

A corto plazo, todo a su tiempo. Paciencia para esperar el momento indicado. Hay que afinar los gustos; sólo lo necesario y placentero para seguir adelante. No desesperar, porque si adquieres algo sin realmente poder, tus ingresos siguientes podrían terminar comprometidos para pagar deudas por adquisición compulsiva. Es un requisito controlarse, trabajar las emociones.

A corto plazo, no complacer cuando realmente no se puede. No buscar aparentar. Cuanto más sencillo, mejor. El rico es sencillo y delicado en sus gustos. Sólo cuando es necesario y conveniente.

Si por si acaso te rodeas de personas pudientes y tú aún no tienes facilidad para competir en su círculo social, haz lo que puedas, pero no te afanes en igualarte. Mantén la sencillez y el buen gusto, pero no quieras darte sus gustos. El rico apreciará más tu humildad y buenas actitudes que pretender aparentar lo que todavía no has alcanzado, especialmente lo de tener dinero para gastar.

Donde hay riqueza, existe porque se cuida lo que se tiene. Ya lo habíamos dicho, el rico mide lo que gasta, y gastará siempre y cuando entienda que es conveniente y tenga la entrada anterior para respaldar el gasto.

Los ricos pueden practicar la bondad, pero bondad con medida, porque si hoy te desprendes de tu capital de producción por ayudar, es probable que mañana tengas que cerrar tu empresa.

La idea no es restringirse al extremo. Es ser racional en cada paso dado. Si cuidas cada decisión, estarás cuidando tu salud física y mental.

A corto plazo, procura mantener la salud física y mental. El cuerpo no necesita los platos exquisitos de costosos restaurantes para vivir. Puedes llevar una alimentación saludable con la comida de casa, saber lo que realmente estás comiendo, para saber lo que pasará con tu salud a corto y largo plazo.

La salud mental depende del estilo de vida que lleves. Si vas a un restaurante y gastas el dinero de la comida del mes en dos platos, es probable que tanto tu salud física como mental terminen comprometidas. Se trata de un fallo de perspectiva que termina en estrés y ansiedad, y en un rendimiento físico que posiblemente se vea drenado.

Hay que cuidar incluso la energía que se transforma, y no digo gastar, porque un retorno debe traer tal inversión.

Cuando empecemos a utilizar la palabra inversión, iniciaremos a mejorar nuestras vidas y a convertirnos en verdaderos ricos. El rico siempre invierte, en el amplio sentido de la palabra.

Si cultivas personas que te sumen, estás invirtiendo. Rodéate de gente que te complemente, que aporte a tu caminar. Incluso basta con que tenga buena vibra, que sea positiva, que contagie alegría y felicidad.

Procura que lo que salga de ti, en pensamiento, palabra y obra, retorne con el resultado del interés compuesto.

Piensa en el retorno de toda inversión. Si vas al cine una vez a la semana o al mes, que te retorne liberación de estrés, reactivar tus energías para ser más productivo en la semana laboral. Si hablas con alguien, que el contenido de la conversación te edifique, bien si le escuchas para aprender, bien si le escuchas para ayudarle.

Cuando das, recibes. Y siempre recibirás tanto como cuanto des, tal como el ahorro y el interés compuesto. Pero recuerda no superar tus posibilidades. Cuando ayudas a alguien, reamente te estás ayudando a ti. Cuando te desprendes de tu tiempo y/o de tus bienes, no quedas menos rico, porque la ecuación del interés retornará sola. Inviertes, recibes exponencialmente.

A corto plazo, mantén tus relaciones activas. Es como mantenerte ahorrando de manera constante o disciplinada. No sabes en qué momento tendrás que acudir a tus ahorros. No sabes en qué momento esas relaciones te retornen el interés acumulado.

Nunca termines una relación, a menos que existan peligros y haya que separar las aguas, para saber con quién estás. Simplemente, establece distancia, que el tiempo también devuelve su interés, curando heridas y haciéndote más fuerte. Deja relaciones abiertas a nuevas posibilidades.

A corto plazo, evita sufrir por lo inevitable y hazte consciente de la realidad. Ser realista no descarta el que tengamos que aumentar nuestra capacidad de recuperarnos de las caídas, la resiliencia. El rico debe seguir adelante a pesar de las adversidades. Las dificultades le hacen más fuerte o le catapultan más lejos.

A largo plazo, es probable que el rico se convierta en todo aquello que alguien anhele ser, pero sin estar dispuesto a pagar el precio. La riqueza es una imagen de lo que debe ser perfecto, como la definición de dios; muchos la quieren, pero pecan cada día con las prácticas desmedidas, con todo aquello que no es imagen de las cualidades acuñadas al concepto de dios, mucho menos del sentido final, la riqueza.

Si a largo plazo quieres terminar siendo rico, imita el sentido del bien permanentemente. Si ejemplificamos esta idea, volveremos a todo lo que ya se ha dicho. Mientras tanto, practica la prudencia, la constancia, y todas las demás cualidades que hemos asignado al rico auténtico.

A corto y largo plazo, la riqueza es tuya y está en ti.

Referencias

http://www.fao.org/economic/est/publicaciones/publicaciones-sobre-el-arroz/seguimiento-del-mercado-del-arroz-sma/es/

https://hbr.org/1979/09/risk-analysis-in-capital-investment

http://cmeluza-finmod.weebly.com/uploads/6/3/5/3/6353676/hertz_simul_hbr.pdf

http://www.infoarroz.org/portal/uploadfiles/20080212142543_9_analisis_del_mercado_mundial_de_arroz__patricio_mendez_del_villar.pdf

http://www.scielo.org.co/scielo.php?script=sci_arttext&pid=S0120-01352016000200002

https://www.portafolio.co/internacional/sector-arrocero-ee-uu-experimenta-cambio-estructural-134874

http://repositorio.utn.edu.ec/bitstream/123456789/1502/6/02%20ICA%20353%20capitulo%205%20II.pdf

http://economicas.unsa.edu.ar/afinan/informacion_general/book/7_SSRN-id986972.pdf

https://es.pngtree.com/element/down?id=MjAxNjUzMw==&type=1

www.ingramcontent.com/pod-product-compliance
Lightning Source LLC
Chambersburg PA
CBHW022020170526
45157CB00003B/1305